Inhaltsverzeichnis

① **Verdopple.**

4					
2 | 2	4 | 4	6 |	9 |	10 |	7 |

②

16		17		20		12		19	
11	5	9		9		3		10	
10		11		7		7		14	
	4		5		10		6		7
	7		10		11		4		6

③ **Wie haben die Kinder gerechnet? Verbinde und rechne.**

$6 + 9 =$ ___
$6 + 4 + 5 =$ ___

$4 + 9 =$ ___
$9 + 4 =$ ___

$8 + 7 =$ ___
$8 + 8 - 1 =$ ___

Verdoppeln / Nachbaraufgabe

Tauschaufgabe

Nahe an der 10

Zur 10 und dann weiter

Kleine und große Aufgabe

$6 + 7 =$ ___
$6 + 6 + 1 =$ ___

$14 + 5 =$ ___
$4 + 5 =$ ___

$9 + 7 =$ ___
$10 + 7 - 1 =$ ___

④ Immer die Hälfte

18	14	10	6	8	12
9 | 9	|	|	|	|	|

⑤

–5 →	
8	3
9	
10	
11	

–7 →	
10	
15	
14	
7	

–3 →	
12	
20	
	7
	8

–10 →	
16	
20	
	4
	9

⑥ Wie haben die Kinder gerechnet? Verbinde und rechne.

13 – 9 = ___
13 – 10 + 1 = ___

15 – 8 = ___
15 – 5 – 3 = ___

14 – 7 = ___

Zur 10 und dann weiter

Die Hälfte

Nahe an der 10

Kleine und große Aufgabe

14 – 6 = ___
14 – 4 – 2 = ___

19 – 6 = ___
9 – 6 = ___

18 – 9 = ___

⑦

10	1	3

	20	
6		
	5	

Mit der Umkehraufgabe kann ich das Ergebnis prüfen!

① Rechne und bilde die Umkehraufgabe.

a)

12 + 5 = 17 17 – 5 = 12	11 + 8 = ___ ___	14 + 5 = ___ ___
16 + 3 = ___ ___	4 + 8 = ___ ___	8 + 9 = ___ ___

b)

17 – 4 = 13 13 + 4 = 17	15 – 7 = ___ ___	13 – 9 = ___ ___
19 – 10 = ___ ___	16 – 9 = ___ ___	12 – 9 = ___ ___

②

___ + 4 = 12	___ + 10 = 14	___ + 7 = 14
___ + 7 = 13	___ + 8 = 20	___ + 6 = 17
___ – 7 = 10	___ – 6 = 6	___ – 8 = 4
___ – 8 = 10	___ – 8 = 8	___ – 4 = 12

③ Rechne geschickt.

Denke an die 10.

1 + 8 + 9 = ___	5 + 6 + 4 = ___	7 + 9 + 3 = ___
3 + 7 + 5 = ___	9 + 4 + 6 = ___	3 + 6 + 7 = ___
6 + 2 + 8 = ___	5 + 7 + 5 = ___	9 + 8 + 2 = ___

(4) Rechendreiecke

5 Das geht nur mit Probieren.

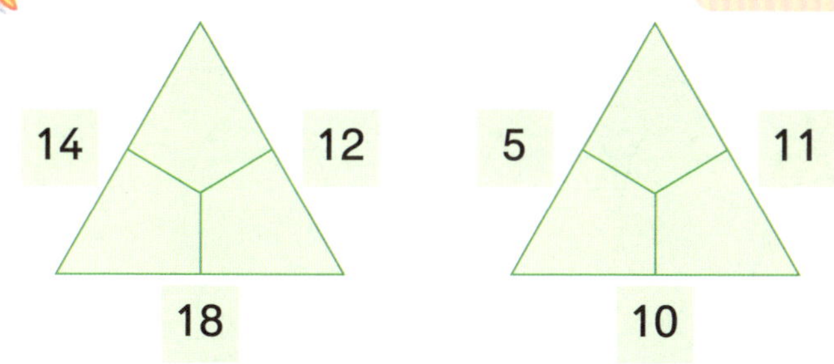

1

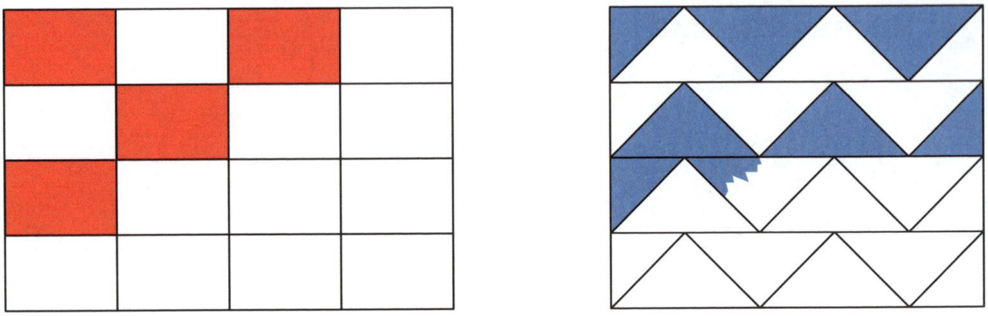

2

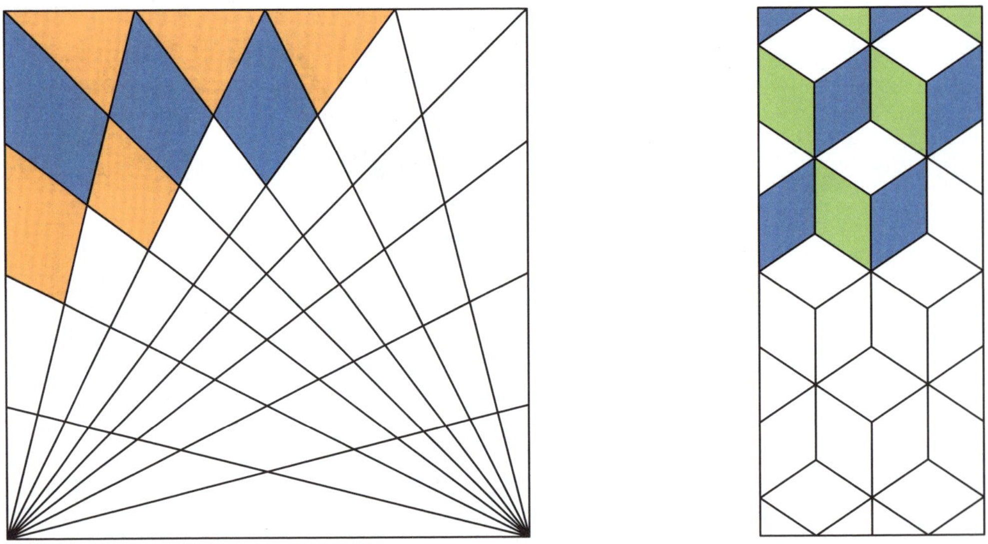

3

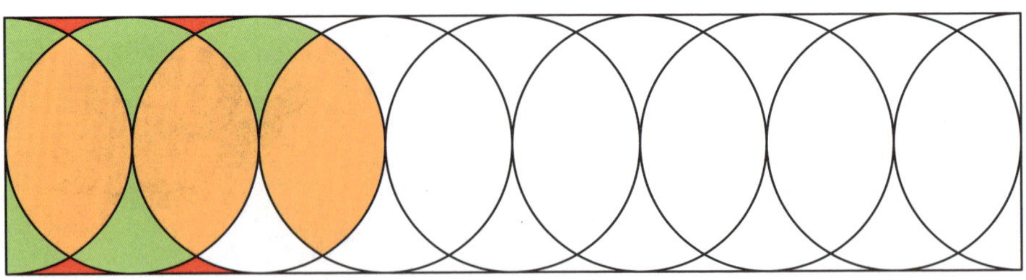

Zeichne zuerst fertig,
male dann die Muster an!

4

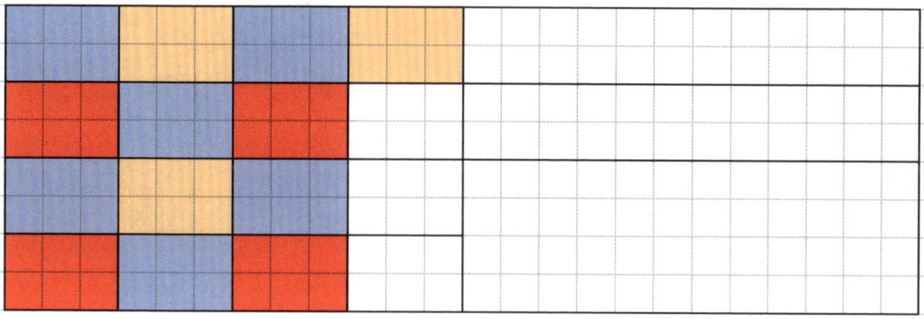

5

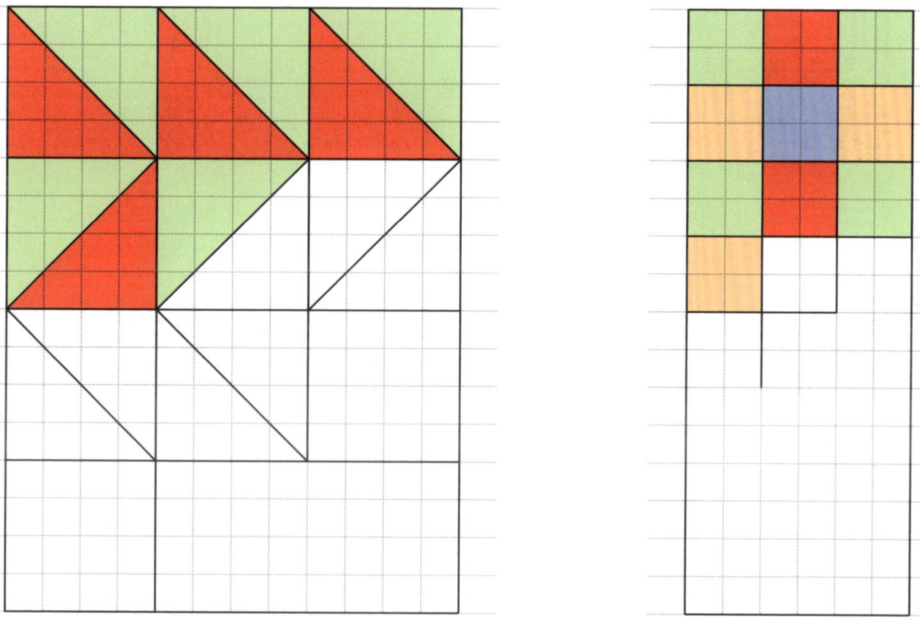

6

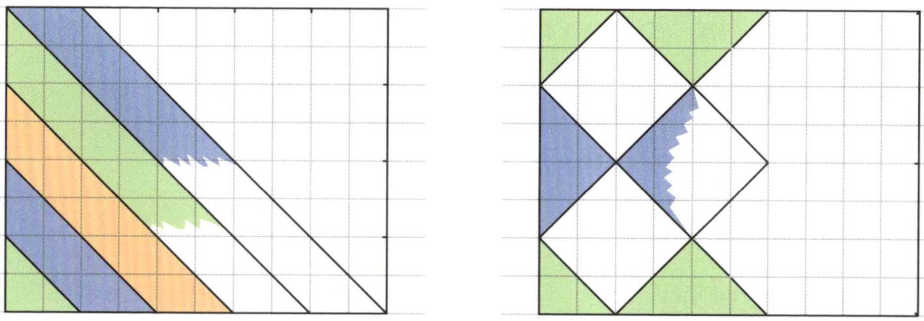

1 **Trage in die Stellenwerttafel ein.**

Z	E
5	3

Z	E

Z	E

Z	E

Z	E

Z	E

Z	E

Z	E

Z	E

2 **Schreibe die Zahlen auf.**

fünfundzwanzig ____

siebenundsechzig ____

dreiundneunzig ____

achtunddreißig ____

vierundsiebzig ____

zweiundfünfzig ____

dreizehn ____

siebenundneunzig ____

③ **Fülle die Tabelle weiter aus.**

sprechen	Z	E	zeichnen	zerlegen
vierundneunzig	9	4		94 = 90 + 4
dreiundsechzig				
siebenundzwanzig				
achtundvierzig				
sechsunddreißig				
achtundneunzig				

④

40 + 30 = ___	30 + 20 = ___	50 + ___ = 70
40 + 3 = ___	30 + 2 = ___	50 + ___ = 52
80 + 10 = ___	20 + 70 = ___	10 + ___ = 80
80 + 1 = ___	20 + 7 = ___	10 + ___ = 17

⑤

70 – 40 = ___	87 – 7 = ___	80 – ___ = 50
60 – 20 = ___	46 – 6 = ___	100 – ___ = 20
50 – 30 = ___	23 – 3 = ___	90 – ___ = 10
90 – 50 = ___	96 – 6 = ___	30 – ___ = 0

⑥ **Hunderterfreunde**

Im Hunderterfeld

1 **Welche Zahlen sind hier dargestellt?**

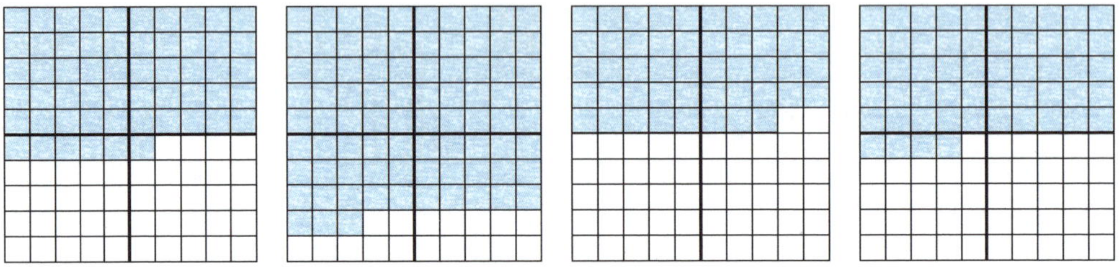

____ ____ ____ ____

2 **Färbe im Hunderterfeld.**

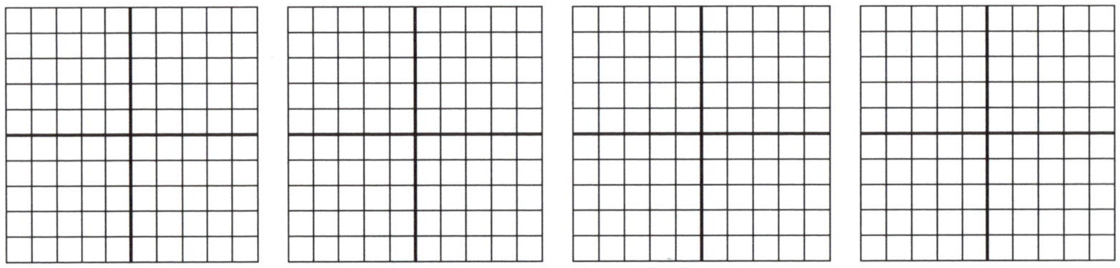

47 86 34 79

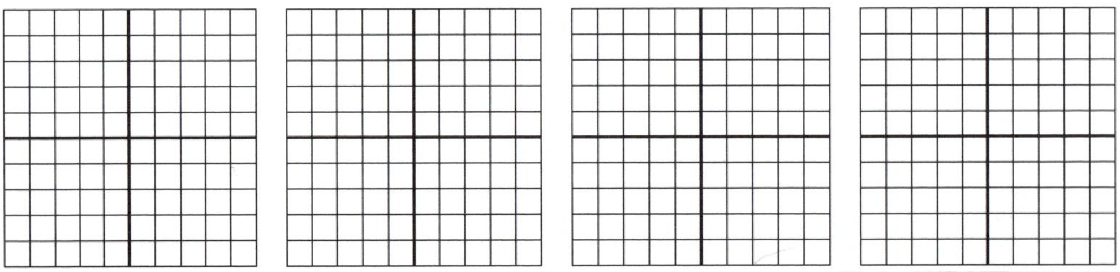

16 63 64 29

3 **Für Mathe-Super-Stars!**

Meine Zahl hat eine
6 und eine 4.
Wie könnte sie heißen?

____ oder ____

Meine Zahl hat doppelt
so viele Zehner wie Einer.
Wie könnte sie heißen?

____ oder ____ oder ____ oder ____

①

1	2	3	4	5	6	7	8	9	10
11	12			15					20
21				25					30
31				35					40
41				45					50
51	52	53	54	55	56				60
61						67			70
71							78		80
81								89	90
91	92	93	94	95	96	97	98	99	100

Ergänze die fehlenden Zahlen.

Färbe alle ungeraden Zahlen gelb.

Kreise alle Zahlen mit 2 gleichen Ziffern ein.

Färbe alle Zahlen mit 0 Einern blau.

② **Ausschnitte aus der Hundertertafel: Ergänze.**

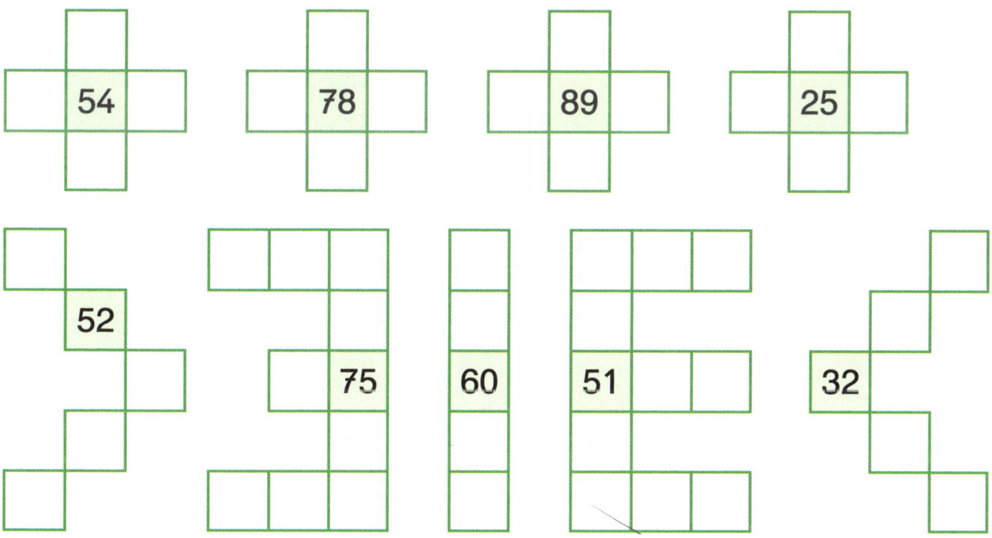

3 Für Mathe-Super-Stars: Auf welche Felder triffst du?

100 (– 30) ☐ (– 6) ☐ (+ 20) ☐ (– 40) ☐ (+ 6) ☐

Der Zahlenstrahl fängt bei 0 an und hört nie auf.

①

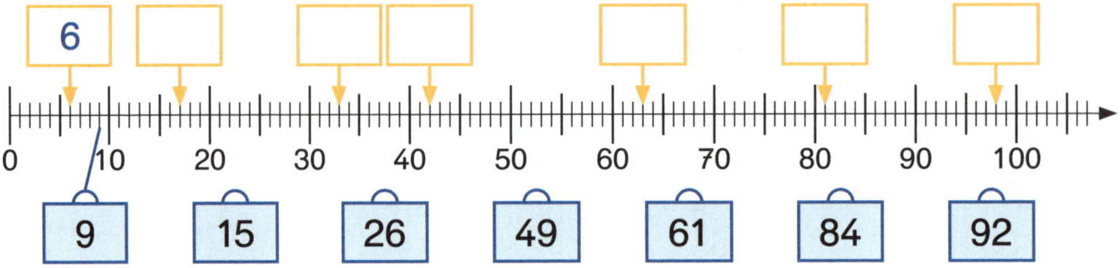

② Nachbarzahlen

35	36	37	___	49	___	___	20	___	___	50	___
___	25	___	___	79	___	___	70	___	___	80	___

③ Nachbarzehner

80	84	90	___	47	___	___	32	___	___	29	___
___	63	___	___	91	___	___	51	___	___	75	___

④ Vergleiche die Zahlen: < > =

53 ◯ 35 86 ◯ 86 13 ◯ 33 98 ◯ 89

46 ◯ 64 49 ◯ 99 47 ◯ 74 81 ◯ 91

⑤ Ordne die Zahlen der Größe nach.

16, ___, ___, ___, ___ ___, ___, ___, ___, ___

(6)

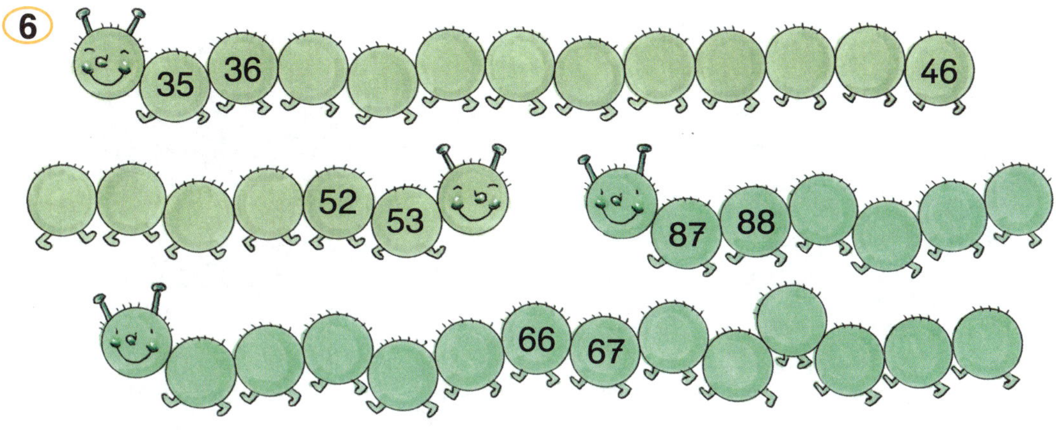

(7) **Setze die Zahlenfolgen fort.**

14, 16, 18, ____, ____, ____, ____, ____, 30, ____, ____, ____, 38

95, 93, 91, ____, ____, ____, ____, ____, 79, ____, ____, ____, 71

100, 95, 90, ____, ____, ____, ____, ____, 60, ____, ____, ____, 40

(8) **Verbinde die Punkte von 50 bis 100 der Reihe nach.**

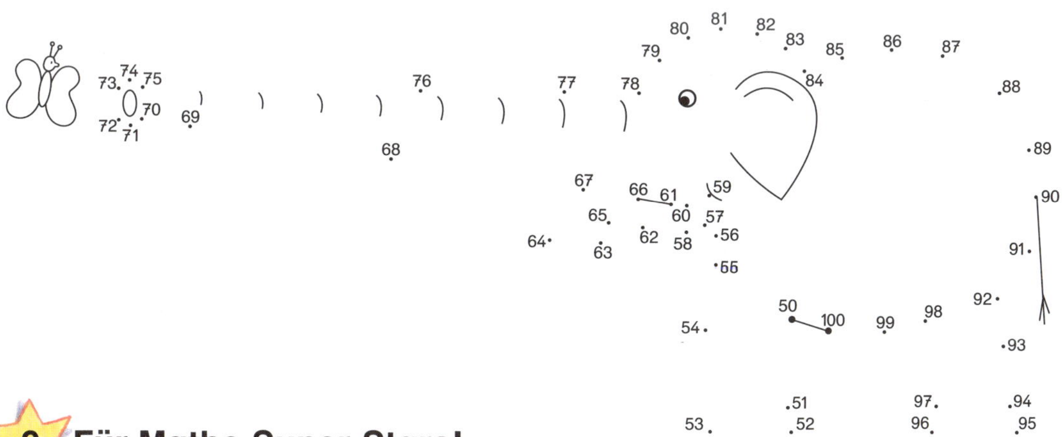

(9) **Für Mathe-Super-Stars!**

20, 25, 23, 28, 26, ____, ____, ____, 32

66, 60, 64, 58, 62, ____, ____, ____, 58

Wie sieht es in deinem Klassenzimmer aus?

Und wer sitzt neben, vor und hinter dir?

① **Kreuze an ☒.**

Die Gefäße im Regal stehen ☐ über / ☐ neben den Ordnern.

Das Waschbecken ist ☐ links / ☐ rechts neben dem Handtuchhalter.

Der Papierkorb steht ☐ unter / ☐ über dem gerahmten Bild.

Die Lehrerin schaut nach ☐ links. / ☐ rechts.

Die Karte mit der Erde ist ☐ rechts / ☐ links von der Europakarte.

② **Ergänze: vor, neben, hinter, zwischen.**

Anna sitzt ________ Otto. Martin sitzt ________ Florian.

Mona sitzt ________ Hanna. Leo sitzt ________ Andreas.

Der Tisch ________ Florian und Andreas ist frei.

Sabine sitzt ________ Anna und Jens.

3 **Wer sieht das vor sich?**

Für Mathe-Super-Stars!

________ und ________.

________ und ________.

________ und ________.

(1) Martin, Florian und Lisa wollen Figuren aus Kastanien basteln. Martin hat 22 Kastanien gesammelt. Florian bringt 20 Kastanien. Lisa hat 26 Kastanien im Korb.

a) Verbinde und rechne aus.

A Wie viele Kastanien haben Martin und Florian zusammen?

B Wie viele Kastanien haben die drei Kinder insgesamt gesammelt?

C Wie viele Kastanien sind in Lisas Korb?

$22 + 20 + 26 =$ ____

$20 + 26 =$ ____

26

$22 + 20 =$ ____

b) Welche Antwort gehört zu welcher Frage? Schreibe den passenden Buchstaben vor die Antwort. Ergänze.

	In Lisas Korb sind ____ Kastanien.
	Die Kinder haben insgesamt ____ Kastanien gesammelt.
	Martin hat ____ Kastanien gefunden.
	Martin und Florian haben zusammen ____ Kastanien.

2 Lukas und Miriam brauchen neue Sportsachen. Lukas bekommt Sportschuhe für 30 €, Socken für 5 € und eine Sporthose für 15 €. Für Miriam kauft die Mutter Turnschuhe für 23 €, eine Hose für 12 € und ein T-Shirt für 10 €.

a) Verbinde und rechne aus.

A Was kosten die Sportsachen für Lukas?	5 €
B Wie viel kosten die Socken?	30 € + 5 € + 15 € = ___ €
C Wie teuer sind die Sportsachen für Miriam?	50 € + 45 € = ___ €
D Wie viel bezahlt die Mutter insgesamt?	23 € + 30 € = ___ €
	23 € + 12 € + 10 € = ___ €

b) Welche Antwort gehört zu welcher Frage? Schreibe den passenden Buchstaben vor die Antwort. Ergänze.

☐ Die Socken kosten ___ €.

☐ Die Sportsachen für Lukas kosten insgesamt ___ €.

☐ Die Mutter muss insgesamt ___ € bezahlen.

☐ Miriams Sportsachen kosten insgesamt ___ €.

① Rechne und setze fort.

37 + 2 = ___
37 + 12 = ___
37 + 22 = ___
___

61 + 4 = ___
61 + 14 = ___
61 + 24 = ___
___

44 + 5 = ___
44 + 15 = ___
44 + 25 = ___
___

52 + 7 = ___
52 + 17 = ___
52 + 27 = ___
___

23 + 5 = ___
23 + 15 = ___
23 + 25 = ___
___

42 + 6 = ___
42 + 16 = ___
42 + 26 = ___
___

②

+	4	10	14
32			
64			
23			

+	3	30	33
24			
16			
45			

③

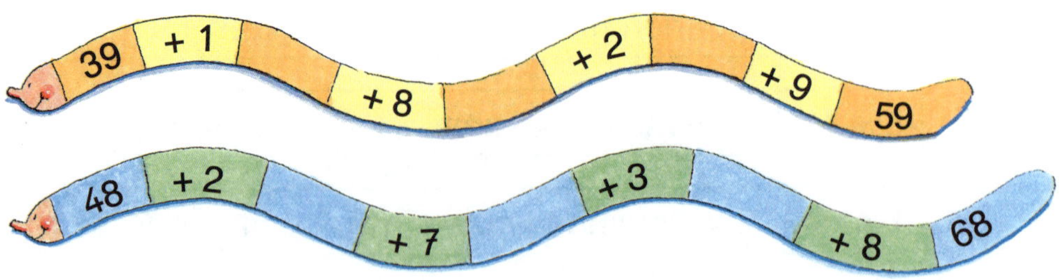

4 Rechne und setze fort.

49 − 5 = ___
49 − 15 = ___
49 − 25 = ___
___
___

67 − 2 = ___
67 − 12 = ___
67 − 22 = ___
___
___

99 − 8 = ___
99 − 18 = ___
99 − 28 = ___
___
___

78 − 3 = ___
78 − 13 = ___
78 − 23 = ___
___
___

89 − 6 = ___
89 − 16 = ___
89 − 26 = ___
___
___

56 − 4 = ___
56 − 14 = ___
56 − 24 = ___
___
___

5

−	2	10	12
86			
59			
78			

−	5	50	55
88			
95			
76			

Für Mathe-Super-Stars!

6

1 So sieht es auf dem Zahlenstrahl aus …

32 + 27 = ___

… und so auf dem Rechenstrich.

a) 64 + 35 = ___

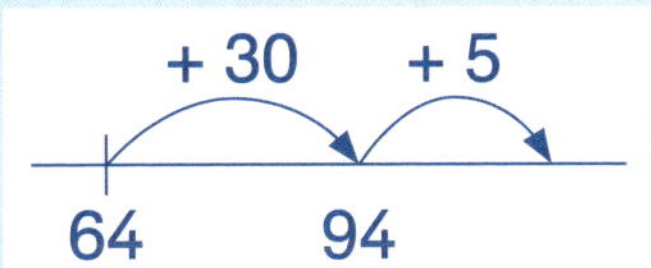

b) 22 + 56 = ___

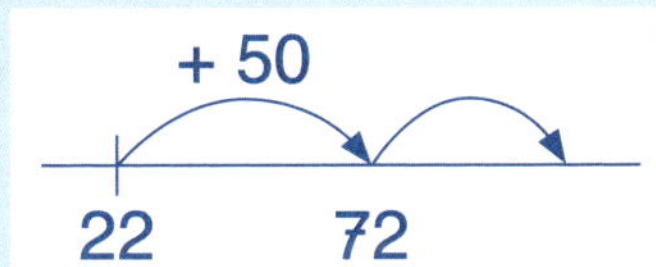

c) 43 + 44 = ___

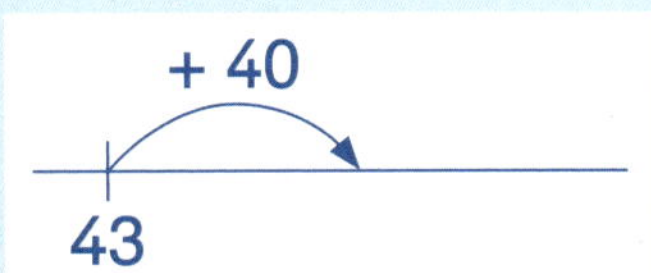

d) 43 + 49 = ___

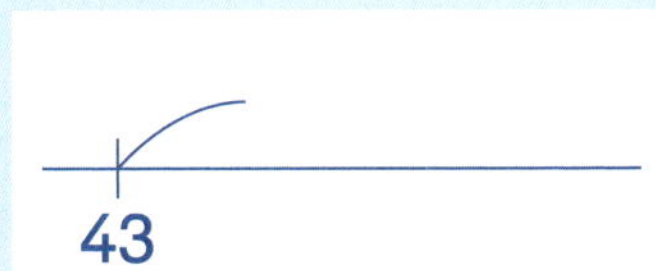

e) 56 + 18 = ___

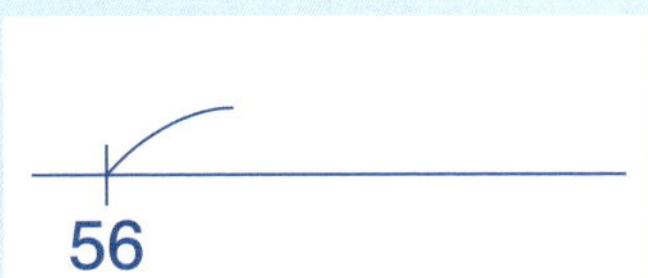

f) 38 + 55 = ___

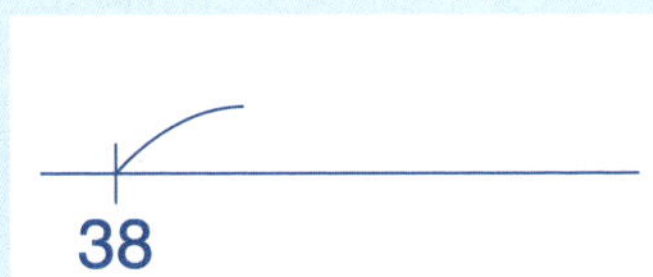

2 **Richtig oder falsch? Kreuze an ☒.**

Überprüfe am Rechenstrich.

a) 24 + 48 = 62

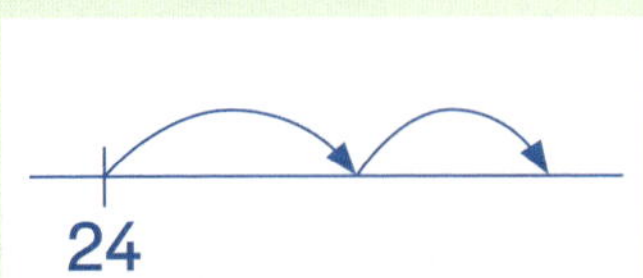

☐ richtig ☐ falsch

b) 57 + 16 = 73

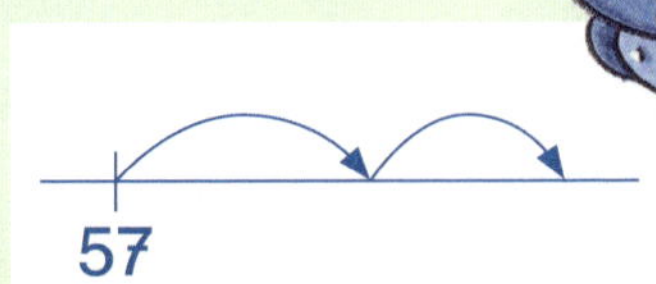

☐ richtig ☐ falsch

Bei Minus fängst du rechts an. Die Pfeile gehen nach links.

3 56 – 34 = ___

a) 74 – 31 = ___

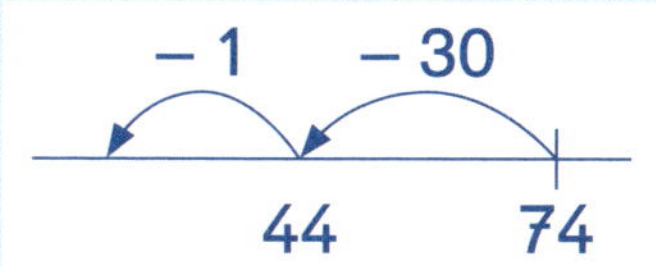

b) 68 – 25 = ___

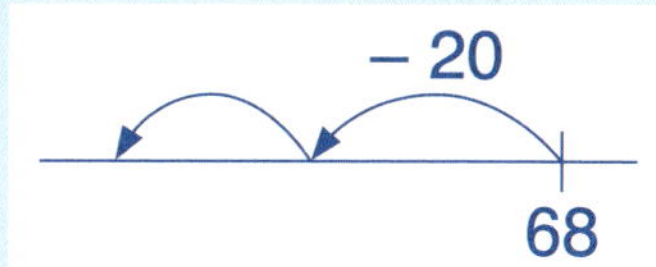

c) 45 – 13 = ___

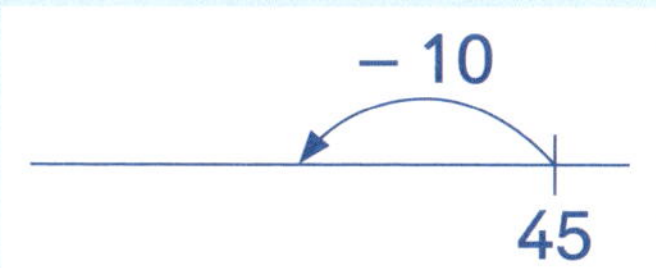

d) 81 – 36 = ___

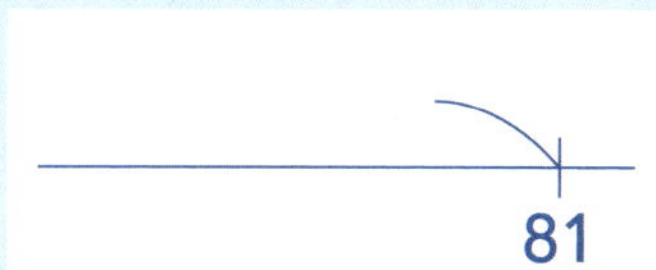

e) 93 – 55 = ___

f) 66 – 17 = ___

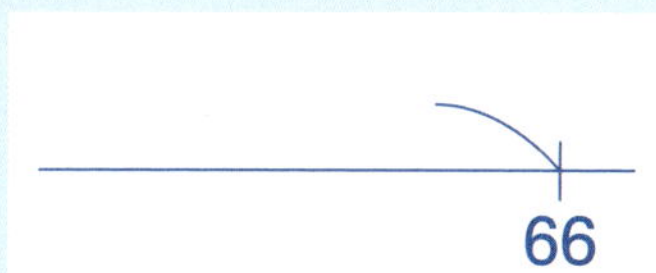

Überprüfe am Rechenstrich.

4 Richtig oder falsch? Kreuze an ☒.

a) 86 – 49 = 37

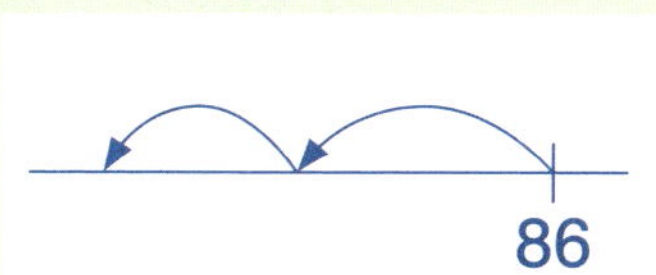

☐ richtig ☐ falsch

b) 73 – 25 = 47

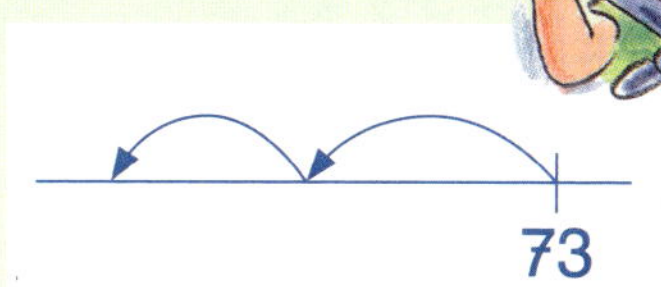

☐ richtig ☐ falsch

① Wie rechnest du?

57 + 36 = ___

So?

50 + 30 = 80
7 + 6 = 13
80 + 13 = ___

Oder so?

57 + 30 = 87
87 + 6 = ___

Oder so?

Rechne auf deinem Weg.

48 + 35 = ___

26 + 19 = ___

74 + 18 = ___

27 + 58 = ___

23 + 38 = ___

39 + 47 = ___

2 19 + 58 + 14 = ___

3 Wie rechnest du? 63 – 47 = ___

So?

63 – 40 = 23
23 – 7 = ___

Oder so?

63 – 7 = 56
56 – 40 = ___

Oder so?

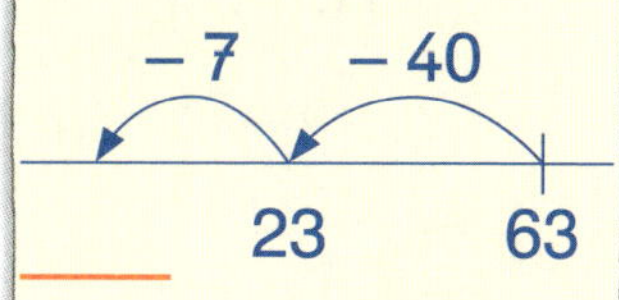

Rechne auf deinem Weg.

45 – 16 = ___

53 – 38 = ___

78 – 29 = ___

64 – 28 = ___

96 – 77 = ___

37 – 18 = ___

4 92 – 65 – 17 = ___

1

2

67 + 15 = ___	42 + 49 = ___	54 + 28 = ___
73 + 17 = ___	25 + 36 = ___	66 + 19 = ___
24 + 48 = ___	68 + 25 = ___	15 + 77 = ___

3 **Gleiches Ergebnis? Verbinde.**

54 + 27 =	22 + 39 =
38 + 16 =	58 + 35 =
69 + 24 =	36 + 45 =
43 + 18 =	27 + 27 =

4

+	3	30	33	38
45				
23				
56				

+	8	20	28	29
28				
16				
37				

5

	100	
	27	
	19	

	86	
	18	
	9	

	95	
66		
	27	

	67	
	34	
18		

6 93 – 17 = ___ 28 – 19 = ___ 54 – 36 = ___

62 – 26 = ___ 53 – 35 = ___ 66 – 48 = ___

87 – 49 = ___ 84 – 26 = ___ 51 – 47 = ___

7 **Gleiches Ergebnis? Verbinde.**

82 – 17 =	71 – 46 =
55 – 28 =	94 – 29 =
63 – 38 =	65 – 27 =
84 – 46 =	71 – 44 =

8

–	4	40	44	48
66				
75				
97				

–	3	30	33	34
81				
92				
62				

① 44 18 62

44 + 18 = ___

18 + ___ = ___

___ − 18 = 44

___ − 44 = ___

91 66 25

66 + 25 = ___

___ − 25 = ___

___ − ___ = 25

25 + ___ = ___

37 46 ___

37 + 46 = ___

___

___

___

13 29 ___

13 + 29 = ___

___

___

___

2 Hier gibt es 2 Möglichkeiten.

Für Mathe-Super-Stars!

28 55 ___

___

___

___

___

28 55 ___

___

___

___

___

1

35 + 19 = 54

35 + 20 – 1 = 54

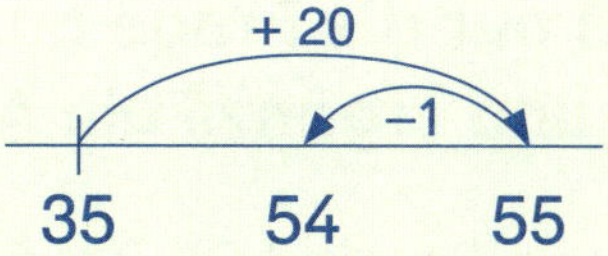

26 + 49 = ___

26 + 50 – ___ = ___

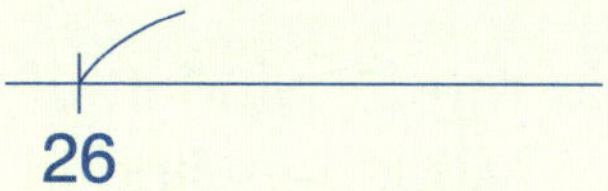

47 + 29 = ___

47 + ___ – ___ = ___

53 + 18 = ___

53 + ___ – ___ = ___

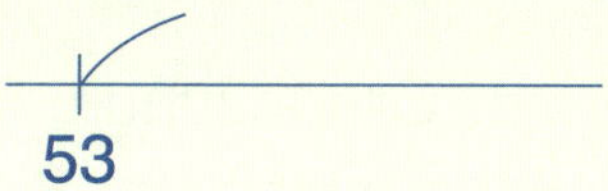

2

92 – 69 = 23

92 – 70 + 1 = 23

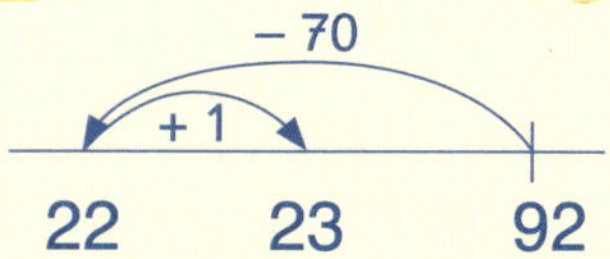

63 – 49 = ___

63 – 50 + ___ = ___

74 – 39 = ___

74 – ___ + ___ = ___

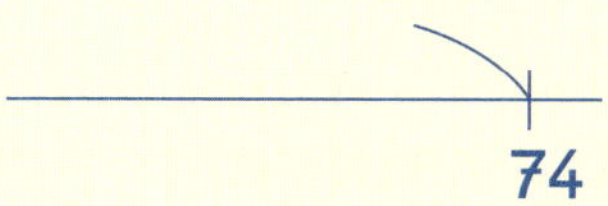

97 – 68 = ___

97 – ___ + ___ = ___

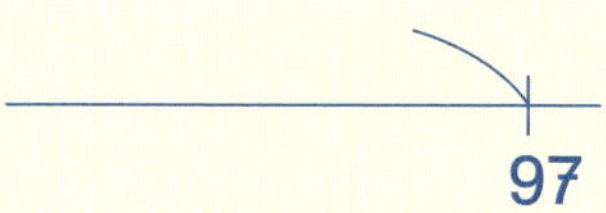

Bei welchen Fragen musst du rechnen?

**Kreuze jeweils nur die Frage an, bei der du rechnen musst.
Rechne dann und ergänze die Antwort.**

(1) In der Klasse 2a sind 24 Kinder.
Die Hälfte der Kinder sind Mädchen.

☐ Wie viele Kinder sind in der Klasse 2a?
☐ Wie viele Mädchen sind in der Klasse 2a?

Antwort: Es sind ______________________.

(2) 54 Schüler der Grundschule Stein fahren in den Zoo.
40 Kinder sitzen bereits im Bus.

☐ Wie viele Kinder müssen noch einsteigen?
☐ Wie viele Kinder fahren insgesamt mit?

Antwort: ___ Kinder ______________________.

(3) Von den 26 Schülern einer 2. Klasse fahren
8 Kinder täglich mit dem Bus zur Schule.

☐ Wie viele Schüler fahren nicht mit dem Bus?
☐ Wie viele Schüler sind in dieser 2. Klasse?

Antwort: ___ Schüler ______________________.

4 An der Waldschule gibt es 3 zweite Klassen mit insgesamt 65 Schülern. 32 Zweitklässler können bereits schwimmen.

☐ Wie viele Kinder können schwimmen?
☐ Wie viele Kinder sind Nichtschwimmer?

Antwort: ___ Kinder ______________________.

5 **Für Mathe-Super-Stars!**

a) Zum Schulfest der Parkschule führen alle Kinder der Klassen 2a und 2b gemeinsam ein Singspiel auf. Alle machen mit: 22 Kinder singen, 14 Kinder tanzen, 10 Kinder spielen Instrumente, 2 Kinder tragen Texte vor.

☐ Wie viele Kinder haben die beiden 2. Klassen insgesamt?
☐ Wie viele Kinder tragen Texte vor?

Antwort: ___ Kinder ______________________.

b) Die Schüler der Klasse 2a sind so aufgeteilt: 12 Kinder singen, 10 tanzen, 3 spielen Flöte.

☐ Wie viele Schüler spielen Musikinstrumente?
☐ Wie viele Schüler hat die 2a, wie viele die 2b?

Antwort: ___ Schüler ______________________,

___ Schüler ______________________.

1

März					
Mo		7	14	21	28
Di	1	8	15	22	29
Mi	2	9	16	23	30
Do	3	10	17	24	31
Fr	4	11	18	25	
Sa	5	12	19	26	
So	6	13	20	27	

April					
Mo		4	11	18	25
Di		5	12	19	26
Mi		6	13	20	27
Do		7	14	21	28
Fr	1	8	15	22	29
Sa	2	9	16	23	30
So	3	10	17	24	

Mai						
Mo		2	9	16	23	30
Di		3	10	17	24	31
Mi		4	11	18	25	
Do		5	12	19	26	
Fr		6	13	20	27	
Sa		7	14	21	28	
So	1	8	15	22	29	

Schreibe alle Dienstage im April auf.

5.4., ____________________

Schreibe alle Sonntage im Mai auf.

____

Welcher Wochentag war das?

7. März ____________ 17. April ____________

20. Mai ____________ 11. März ____________

1. April ____________ 5. Juni ____________

2 **Färbe Monate mit 31 Tagen gelb, Monate mit 30 Tagen grün.**

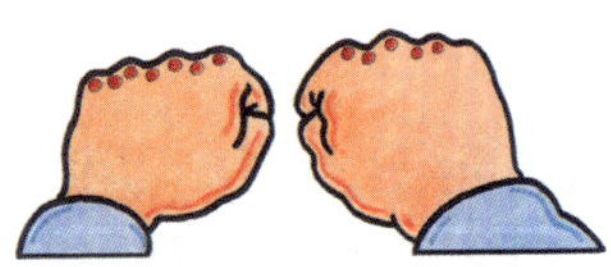

Januar	April	Oktober	Juli
Dezember	Februar	März	August
September	November	Juni	Mai

Wie viele Tage hat der übrig gebliebene Monat?

Antwort: ____________________.

③ Ergänze.

Ein Jahr hat ____ Monate.

Eine Woche hat ____ Tage.

Ein Monat hat ____ ganze Wochen.

Ein Jahr hat ____ ganze Wochen.

Ein Monat kann ____, ____, ____ oder ____ Tage haben.

④ Welche besonderen Tage gehören zu welchem Monat? Verbinde.

Oktober	Sommeranfang
Dezember	Tag der dt. Einheit
Januar	Muttertag
Juni	Weihnachten
Mai	Hl. 3 Könige
September	Herbstanfang

⑤ Verschiedene Schreibweisen

25. Oktober 2002	25.10.02
18. Februar 2006	
	28.5.06
	1.4.10

1

___ € ___ ct   ___ € ___ ct   ___ € ___ ct

___ € ___ ct   ___ € ___ ct   ___ € ___ ct

2 **Ordne nach der Größe. Beginne mit dem kleinsten Betrag.**

50 ct	12 ct	1 € 4 ct	85 ct	1 € 40 ct

____

3 **Immer 1 €: Welche Münze fehlt?**

Lösungen Mathe-Stars 2

(zum Heraustrennen die mittlere Klammer lösen)

① **Verdopple.**

4	8	12	18	20	14
2 | 2	4 | 4	6 | 6	9 | 9	10 | 10	7 | 7

②

16		17		20		12		19	
11	5	9	8	9	11	3	9	10	9
10	6	11	6	7	13	7	5	14	5
12	4	12	5	10	10	6	6	12	7
9	7	7	10	9	11	8	4	13	6

③ **Wie haben die Kinder gerechnet? Verbinde und rechne.**

6 + 9 = 15
6 + 4 + 5 = 15

4 + 9 = 13
9 + 4 = 13

8 + 7 = 15
8 + 8 − 1 = 15

Verdoppeln / Nachbaraufgabe

Tauschaufgabe

Nahe an der 10

Zur 10 und dann weiter

Kleine und große Aufgabe

6 + 7 = 13
6 + 6 + 1 = 13

14 + 5 = 19
4 + 5 = 9

9 + 7 = 16
10 + 7 − 1 = 16

④ **Immer die Hälfte**

18	14	10	6	8	12
9 | 9	7 | 7	5 | 5	3 | 3	4 | 4	6 | 6

⑤

−5		−7		−3		−10	
8	3	10	3	12	9	16	6
9	4	15	8	20	17	20	10
10	5	14	7	10	7	14	4
11	6	7	0	11	8	19	9

⑥ **Wie haben die Kinder gerechnet? Verbinde und rechne.**

13 − 9 = 4
13 − 10 + 1 = 4

15 − 8 = 7
15 − 5 − 3 = 7

14 − 7 = 7

Zur 10 und dann weiter

Die Hälfte

Nahe an der 10

Kleine und große Aufgabe

14 − 6 = 8
14 − 4 − 2 = 8

19 − 6 = 13
9 − 6 = 3

18 − 9 = 9

⑦

15
11 4
10 1 3

20
6 14
1 5 9

220002634

Mit der Umkehraufgabe kann ich das Ergebnis prüfen!

① **Rechne und bilde die Umkehraufgabe.**

a)

12 + 5 = 17
17 − 5 = 12

11 + 8 = 19
19 − 8 = 11

14 + 5 = 19
19 − 5 = 14

16 + 3 = 19
19 − 3 = 16

4 + 8 = 12
12 − 8 = 4

8 + 9 = 17
17 − 9 = 8

b)

17 − 4 = 13
13 + 4 = 17

15 − 7 = 8
8 + 7 = 15

13 − 9 = 4
4 + 9 = 13

19 − 10 = 9
9 + 10 = 19

16 − 9 = 7
7 + 9 = 16

12 − 9 = 3
3 + 9 = 12

②

8 + 4 = 12   4 + 10 = 14   7 + 7 = 14
6 + 7 = 13   12 + 8 = 20   11 + 6 = 17

17 − 7 = 10   12 − 6 = 6   12 − 8 = 4
18 − 8 = 10   16 − 8 = 8   16 − 4 = 12

③ **Rechne geschickt.**

Denke an die 10.

1 + 8 + 9 = 18   5 + 6 + 4 = 15   7 + 9 + 3 = 19
3 + 7 + 5 = 15   9 + 4 + 6 = 19   3 + 6 + 7 = 16
6 + 2 + 8 = 16   5 + 7 + 5 = 17   9 + 8 + 2 = 19

④ **Rechendreiecke**

links	oben	rechts	unten links	unten rechts	unten
12	4	11	8	7	15
10	3	15	7	12	19
15	6	12	9	6	15
10	6	9	4	3	7
18	5	11	13	6	19
12	3	7	9	4	13
12	9	20	3	11	14
19	17	20	2	3	5

⑤ **Das geht nur mit Probieren.**

Für Mathe-Super-Stars!

links	oben	rechts	unten links	unten rechts	unten
14	4	12	10	8	18
5	3	11	2	8	10

①

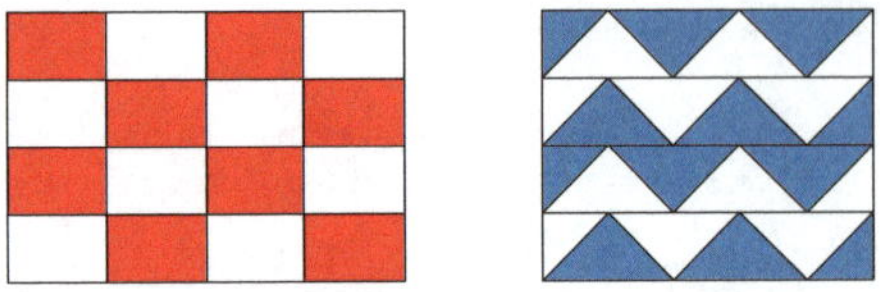

②

③

Zeichne zuerst fertig, male dann die Muster an!

④

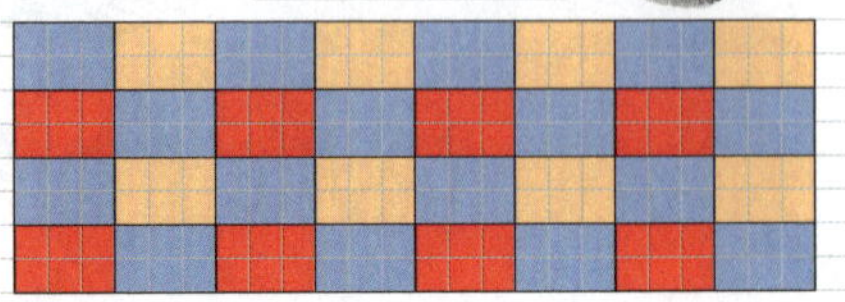

⑤

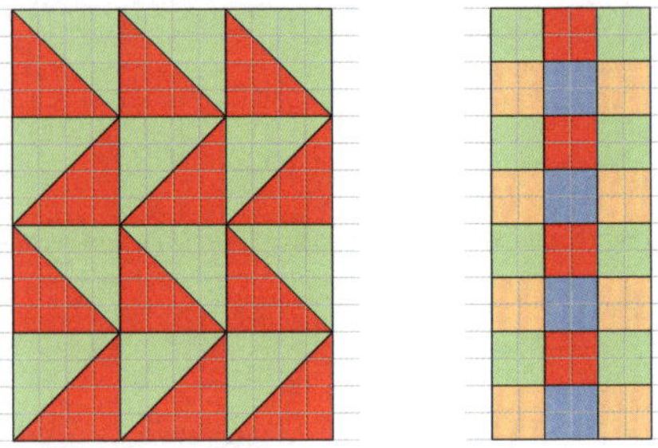

6

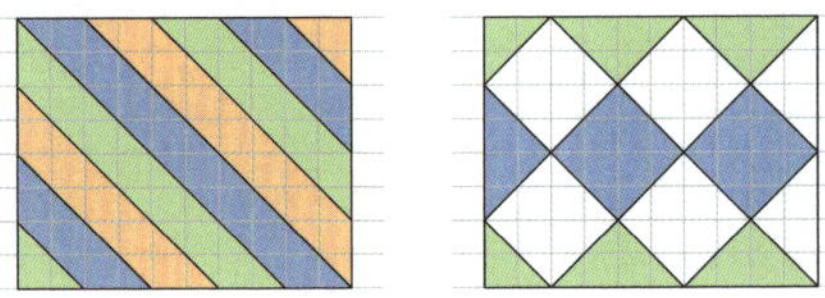

Erst die Zehner, dann die Einer.

① **Trage in die Stellenwerttafel ein.**

Z	E
5	3

Z	E
6	5

Z	E
5	4

Z	E
4	6

Z	E
2	8

Z	E
4	3

Z	E
8	2

Z	E
9	5

Z	E
7	7

② **Schreibe die Zahlen auf.**

siebenundvierzig

fünfundzwanzig	25	vierundsiebzig	74
siebenundsechzig	67	zweiundfünfzig	52
dreiundneunzig	93	dreizehn	13
achtunddreißig	38	siebenundneunzig	97

③ **Fülle die Tabelle weiter aus.**

sprechen	Z	E	zeichnen	zerlegen
vierundneunzig	9	4	||||||||| ••••	94 = 90 + 4
dreiundsechzig	6	3	|||||| •••	63 = 60 + 3
siebenundzwanzig	2	7	|| •••••••	27 = 20 + 7
achtundvierzig	4	8	|||| ••••••••	48 = 40 + 8
sechsunddreißig	3	6	||| ••••••	36 = 30 + 6
achtundneunzig	9	8	||||||||| ••••••••	98 = 90 + 8

④

40 + 30 = 70	30 + 20 = 50	50 + 20 = 70
40 + 3 = 43	30 + 2 = 32	50 + 2 = 52
80 + 10 = 90	20 + 70 = 90	10 + 70 = 80
80 + 1 = 81	20 + 7 = 27	10 + 7 = 17

⑤

70 – 40 = 30	87 – 7 = 80	80 – 30 = 50
60 – 20 = 40	46 – 6 = 40	100 – 80 = 20
50 – 30 = 20	23 – 3 = 20	90 – 80 = 10
90 – 50 = 40	96 – 6 = 90	30 – 30 = 0

⑥ **Hunderterfreunde**

20 80 · 60 40 · 70 30 · 94 6 · 57 43

① Welche Zahlen sind hier dargestellt?

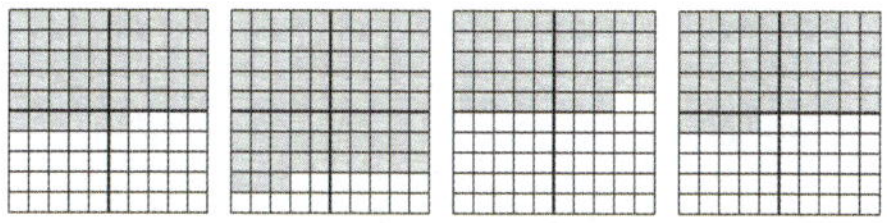

56 | 83 | 48 | 54

② Färbe im Hunderterfeld.

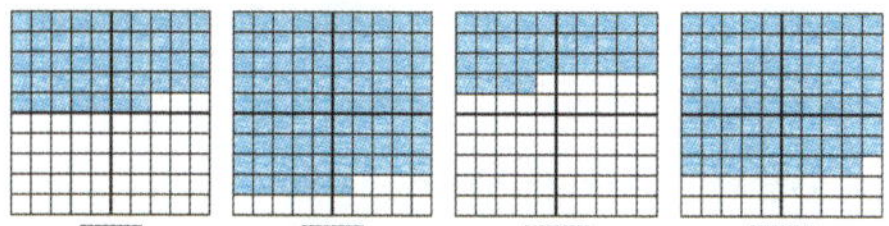

47 | 86 | 34 | 79

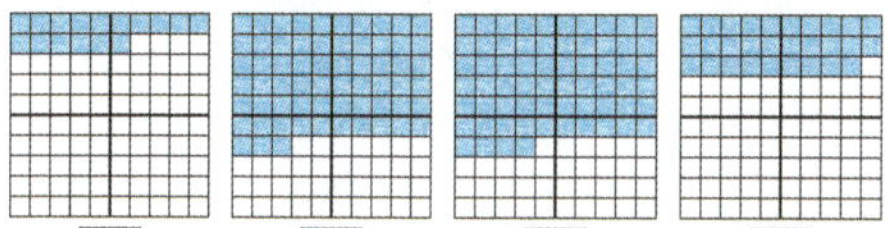

16 | 63 | 64 | 29

3 Für Mathe-Super-Stars!

Meine Zahl hat eine 6 und eine 4.
Wie könnte sie heißen?
64 oder 46

Meine Zahl hat doppelt so viele Zehner wie Einer.
Wie könnte sie heißen?
21 oder 42 oder 63 oder 84

①

1	2	3	4	5	6	7	8	9	10
11	12	13	14	15	16	17	18	19	20
21	22	23	24	25	26	27	28	29	30
31	32	33	34	35	36	37	38	39	40
41	42	43	44	45	46	47	48	49	50
51	52	53	54	55	56	57	58	59	60
61	62	63	64	65	66	67	68	69	70
71	72	73	74	75	76	77	78	79	80
81	82	83	84	85	86	87	88	89	90
91	92	93	94	95	96	97	98	99	100

Ergänze die fehlenden Zahlen.

Färbe alle ungeraden Zahlen gelb.

Kreise alle Zahlen mit 2 gleichen Ziffern ein.

Färbe alle Zahlen mit 0 Einern blau.

② Ausschnitte aus der Hundertertafel: Ergänze.

44 / 53 54 55 / 64

68 / 77 78 79 / 88

79 / 88 89 90 / 99

15 / 24 25 26 / 35

41 / 52 / 63 / 72 / 81

53 54 55 / 65 / 74 75 / 85 / 93 94 95

40 / 50 / 60 / 70 / 80

31 32 33 / 41 / 51 52 53 / 61 / 71 72 73

14 / 23 / 32 / 43 / 54

3 Für Mathe-Super-Stars: Auf welche Felder triffst du?

100 (− 30) 70 (− 6) 64 (+ 20) 84 (− 40) 44 (+ 6) 50

Der Zahlenstrahl fängt bei 0 an und hört nie auf.

①

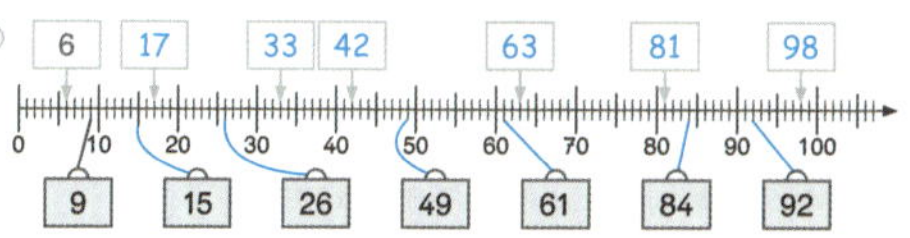

② Nachbarzahlen

35 **36** 37 | 48 **49** 50 | 19 **20** 21 | 49 **50** 51

24 **25** 26 | 78 **79** 80 | 69 **70** 71 | 79 **80** 81

③ Nachbarzehner

80 **84** 90 | 40 **47** 50 | 30 **32** 40 | 20 **29** 30

60 **63** 70 | 90 **91** 100 | 50 **51** 60 | 70 **75** 80

④ Vergleiche die Zahlen: < > =

53 > 35 | 86 = 86 | 13 < 33 | 98 > 89

46 < 64 | 49 < 99 | 47 < 74 | 81 < 91

⑤ Ordne die Zahlen der Größe nach.

16, 36, 61, 66, 96 | 10, 11, 14, 41, 81

⑥

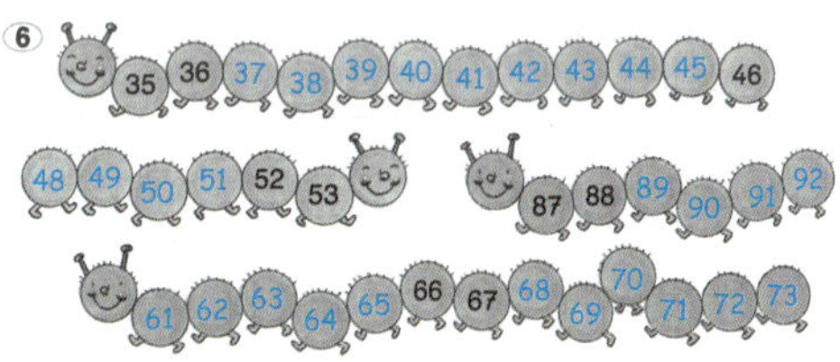

⑦ Setze die Zahlenfolgen fort.

14, 16, 18, 20, 22, 24, 26, 28, 30, 32, 34, 36, 38

95, 93, 91, 89, 87, 85, 83, 81, 79, 77, 75, 73, 71

100, 95, 90, 85, 80, 75, 70, 65, 60, 55, 50, 45, 40

⑧ Verbinde die Punkte von 50 bis 100 der Reihe nach.

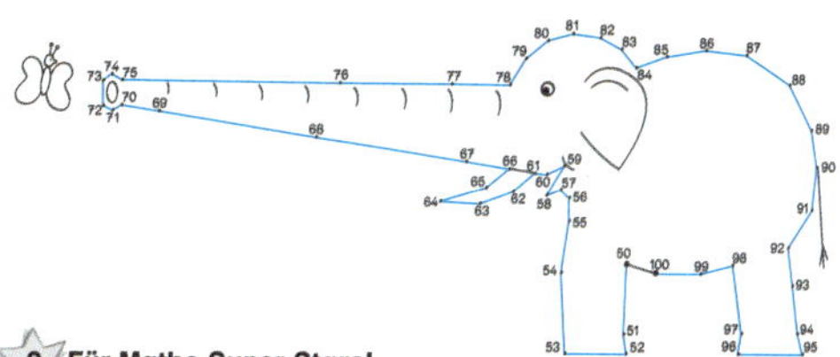

9 Für Mathe-Super-Stars!

20, 25, 23, 28, 26, 31, 29, 34, 32

66, 60, 64, 58, 62, 56, 60, 54, 58

① **Kreuze an ☒.**

Die Gefäße im Regal stehen ☒ über / ☐ neben den Ordnern.

Das Waschbecken ist ☒ links / ☐ rechts neben dem Handtuchhalter.

Der Papierkorb steht ☒ unter / ☐ über dem gerahmten Bild.

Die Lehrerin schaut nach ☒ links. / ☐ rechts.

Die Karte mit der Erde ist ☐ rechts / ☒ links von der Europakarte.

② **Ergänze: vor, neben, hinter, zwischen.**

Anna sitzt __vor__ Otto. Martin sitzt __neben__ Florian.

Mona sitzt __hinter__ Hanna. Leo sitzt __vor__ Andreas.

Der Tisch __zwischen__ Florian und Andreas ist frei.

Sabine sitzt __zwischen__ Anna und Jens.

③ **Wer sieht das vor sich?** Für Mathe-Super-Stars!

Ina und Rosa.	Sara und Doris.	Leo und Sven.

① Martin, Florian und Lisa wollen Figuren aus Kastanien basteln. Martin hat 22 Kastanien gesammelt. Florian bringt 20 Kastanien. Lisa hat 26 Kastanien im Korb.

a) Verbinde und rechne aus.

- A Wie viele Kastanien haben Martin und Florian zusammen? → 22 + 20 = 42
- B Wie viele Kastanien haben die drei Kinder insgesamt gesammelt? → 22 + 20 + 26 = 68
- C Wie viele Kastanien sind in Lisas Korb? → 26

Rechnungen: 22 + 20 + 26 = 68; 20 + 26 = ___; 26; 22 + 20 = 42

b) Welche Antwort gehört zu welcher Frage? Schreibe den passenden Buchstaben vor die Antwort. Ergänze.

C	In Lisas Korb sind 26 Kastanien.
B	Die Kinder haben insgesamt 68 Kastanien gesammelt.
	Martin hat ___ Kastanien gefunden.
A	Martin und Florian haben zusammen 42 Kastanien.

② Lukas und Miriam brauchen neue Sportsachen. Lukas bekommt Sportschuhe für 30 €, Socken für 5 € und eine Sporthose für 15 €. Für Miriam kauft die Mutter Turnschuhe für 23 €, eine Hose für 12 € und ein T-Shirt für 10 €.

a) Verbinde und rechne aus.

- A Was kosten die Sportsachen für Lukas? → 30 € + 5 € + 15 € = 50 €
- B Wie viel kosten die Socken? → 5 €
- C Wie teuer sind die Sportsachen für Miriam? → 23 € + 12 € + 10 € = 45 €
- D Wie viel bezahlt die Mutter insgesamt? → 50 € + 45 € = 95 €

Rechnungen: 5 €; 30 € + 5 € + 15 € = 50 €; 50 € + 45 € = 95 €; 23 € + 30 € = ___ €; 23 € + 12 € + 10 € = 45 €

b) Welche Antwort gehört zu welcher Frage? Schreibe den passenden Buchstaben vor die Antwort. Ergänze.

B	Die Socken kosten 5 €.
A	Die Sportsachen für Lukas kosten insgesamt 50 €.
D	Die Mutter muss insgesamt 95 € bezahlen.
C	Miriams Sportsachen kosten insgesamt 45 €.

① **Rechne und setze fort.**

37 + 2 = 39
37 + 12 = 49
37 + 22 = 59
37 + 32 = 69

61 + 4 = 65
61 + 14 = 75
61 + 24 = 85
61 + 34 = 95

44 + 5 = 49
44 + 15 = 59
44 + 25 = 69
44 + 35 = 79

52 + 7 = 59
52 + 17 = 69
52 + 27 = 79
52 + 37 = 89

23 + 5 = 28
23 + 15 = 38
23 + 25 = 48
23 + 35 = 58

42 + 6 = 48
42 + 16 = 58
42 + 26 = 68
42 + 36 = 78

②

+	4	10	14
32	36	42	46
64	68	74	78
23	27	33	37

+	3	30	33
24	27	54	57
16	19	46	49
45	48	75	78

③

39 | +1 | 40 | +8 | 48 | +2 | 50 | +9 | 59

48 | +2 | 50 | +7 | 57 | +3 | 60 | +8 | 68

④ **Rechne und setze fort.**

49 − 5 = 44
49 − 15 = 34
49 − 25 = 24
49 − 35 = 14
49 − 45 = 4

67 − 2 = 65
67 − 12 = 55
67 − 22 = 45
67 − 32 = 35
67 − 42 = 25

99 − 8 = 91
99 − 18 = 81
99 − 28 = 71
99 − 38 = 61
99 − 48 = 51

78 − 3 = 75
78 − 13 = 65
78 − 23 = 55
78 − 33 = 45
78 − 43 = 35

89 − 6 = 83
89 − 16 = 73
89 − 26 = 63
89 − 36 = 53
89 − 46 = 43

56 − 4 = 52
56 − 14 = 42
56 − 24 = 32
56 − 34 = 22
56 − 44 = 12

⑤

−	2	10	12
86	84	76	74
59	57	49	47
78	76	68	66

−	5	50	55
88	83	38	33
95	90	45	40
76	71	26	21

6

79 | −19 | 60 | −7 | 53 | −13 | 40 | −8 | 32

① So sieht es auf dem Zahlenstrahl aus ... 32 + 27 = 59 ... und so auf dem Rechenstrich.

a) 64 + 35 = 99
+30 +5
64 94 99

b) 22 + 56 = 78
+50 +6
22 72 78

c) 43 + 44 = 87
+40 +4
43 83 87

d) 43 + 49 = 92
+40 +9
43 83 92

e) 56 + 18 = 74
+10 +8
56 66 74

f) 38 + 55 = 93
+50 +5
38 88 93

② **Richtig oder falsch? Kreuze an ☒.**

a) 24 + 48 = 62
+40 +8
24 64 72
☐ richtig ☒ falsch

b) 57 + 16 = 73
+10 +6
57 67 73
☒ richtig ☐ falsch

③ 56 − 34 = 22

a) 74 − 31 = 43
−1 −30
43 44 74

b) 68 − 25 = 43
−5 −20
43 48 68

c) 45 − 13 = 32
−3 −10
32 35 45

d) 81 − 36 = 45
−6 −30
45 51 81

e) 93 − 55 = 38
−5 −50
38 43 93

f) 66 − 17 = 49
−7 −10
49 56 66

④ **Richtig oder falsch? Kreuze an ☒.**

a) 86 − 49 = 37
−9 −40
37 46 86
☒ richtig ☐ falsch

b) 73 − 25 = 47
−5 −20
48 53 73
☐ richtig ☒ falsch

① **Wie rechnest du?** 57 + 36 = 93

So?	Oder so?	Oder so?
50 + 30 = 80 7 + 6 = 13 80 + 13 = 93	57 + 30 = 87 87 + 6 = 93	+ 30, + 6 57 — 87 — 93

Rechne auf deinem Weg.

48 + 35 = 83

26 + 19 = 45

74 + 18 = 92

27 + 58 = 85

23 + 38 = 61

39 + 47 = 86

2 19 + 58 + 14 = 91

③ **Wie rechnest du?** 63 – 47 = 16

So?	Oder so?	Oder so?
63 – 40 = 23 23 – 7 = 16	63 – 7 = 56 56 – 40 = 16	– 7, – 40 16 — 23 — 63

Rechne auf deinem Weg.

45 – 16 = 29

53 – 38 = 15

78 – 29 = 49

64 – 28 = 36

96 – 77 = 19

37 – 18 = 19

4 92 – 65 – 17 = 10

①

43
22 21
14 8 13

82
47 35
29 18 17

65
42 23
35 7 16

92
40 52
24 16 36

②

67 + 15 = 82
73 + 17 = 90
24 + 48 = 72

42 + 49 = 91
25 + 36 = 61
68 + 25 = 93

54 + 28 = 82
66 + 19 = 85
15 + 77 = 92

③ **Gleiches Ergebnis? Verbinde.**

54 + 27 = 81	22 + 39 = 61
38 + 16 = 54	58 + 35 = 93
69 + 24 = 93	36 + 45 = 81
43 + 18 = 61	27 + 27 = 54

④

+	3	30	33	38
45	48	75	78	83
23	26	53	56	61
56	59	86	89	94

+	8	20	28	29
28	36	48	56	57
16	24	36	44	45
37	45	57	65	66

⑤

100
73 27
54 19 8

86
68 18
59 9 9

95
66 29
39 27 2

67
33 34
18 15 19

⑥

93 – 17 = 76
62 – 26 = 36
87 – 49 = 38

28 – 19 = 9
53 – 35 = 18
84 – 26 = 58

54 – 36 = 18
66 – 48 = 18
51 – 47 = 4

⑦ **Gleiches Ergebnis? Verbinde.**

82 – 17 = 65	71 – 46 = 25
55 – 28 = 27	94 – 29 = 65
63 – 38 = 25	65 – 27 = 38
84 – 46 = 38	71 – 44 = 27

⑧

–	4	40	44	48
66	62	26	22	18
75	71	35	31	27
97	93	57	53	49

–	3	30	33	34
81	78	51	48	47
92	89	62	59	58
62	59	32	29	28

① 44 18 62

44 + 18 = 62
18 + 44 = 62
62 – 18 = 44
62 – 44 = 18

91 66 25

66 + 25 = 91
91 – 25 = 66
91 – 66 = 25
25 + 66 = 91

37 46 83

37 + 46 = 83
83 - 46 = 37
46 + 37 = 83
83 - 37 = 46

13 29 42

13 + 29 = 42
29 + 13 = 42
42 - 29 = 13
42 - 13 = 29

2 Hier gibt es 2 Möglichkeiten. Für Mathe-Super-Stars!

28 55 83

28 + 55 = 83
55 + 28 = 83
83 - 28 = 55
83 - 55 = 28

28 55 27

55 - 28 = 27
55 - 27 = 28
28 + 27 = 55
27 + 28 = 55

Vorwärts-Rückwärts-Sprung!

①

35 + 19 = 54
35 + 20 – 1 = 54
(+ 20, –1: 35 54 55)

26 + 49 = 75
26 + 50 – 1 = 75
(+ 50, - 1: 26 75 76)

47 + 29 = 76
47 + 30 – 1 = 76
(+ 30, - 1: 47 76 77)

53 + 18 = 71
53 + 20 – 2 = 71
(+ 20, - 2: 53 71 73)

Rückwärts-Vorwärts-Sprung!

②

92 – 69 = 23
92 – 70 + 1 = 23
(– 70, + 1: 22 23 92)

63 – 49 = 14
63 – 50 + 1 = 14
(- 50, + 1: 13 14 63)

74 – 39 = 35
74 – 40 + 1 = 35
(- 40, + 1: 34 35 74)

97 – 68 = 29
97 – 70 + 2 = 29
(- 70, + 2: 27 29 97)

Kreuze jeweils nur die Frage an, bei der du rechnen musst.
Rechne dann und ergänze die Antwort.

① In der Klasse 2a sind 24 Kinder.
Die Hälfte der Kinder sind Mädchen.

☐ Wie viele Kinder sind in der Klasse 2a?
☒ Wie viele Mädchen sind in der Klasse 2a?

24 = 12 + 12

Antwort: Es sind 12 Mädchen

② 54 Schüler der Grundschule Stein fahren in den Zoo.
40 Kinder sitzen bereits im Bus.

☒ Wie viele Kinder müssen noch einsteigen?
☐ Wie viele Kinder fahren insgesamt mit?

54 - 40 = 14

Antwort: 14 Kinder müssen noch einsteigen

③ Von den 26 Schülern einer 2. Klasse fahren
8 Kinder täglich mit dem Bus zur Schule.

☒ Wie viele Schüler fahren nicht mit dem Bus?
☐ Wie viele Schüler sind in dieser 2. Klasse?

26 - 8 = 18

Antwort: 18 Schüler fahren nicht mit dem Bus

④ An der Waldschule gibt es 3 zweite Klassen mit insgesamt
65 Schülern. 32 Zweitklässler können bereits schwimmen.

☐ Wie viele Kinder können schwimmen?
☒ Wie viele Kinder sind Nichtschwimmer?

65 - 32 = 33

Antwort: 33 Kinder sind Nichtschwimmer

5 Für Mathe-Super-Stars!

a) Zum Schulfest der Parkschule führen alle Kinder der
Klassen 2a und 2b gemeinsam ein Singspiel auf.
Alle machen mit: 22 Kinder singen, 14 Kinder tanzen,
10 Kinder spielen Instrumente, 2 Kinder tragen Texte vor.

☒ Wie viele Kinder haben die beiden 2. Klassen insgesamt?
☐ Wie viele Kinder tragen Texte vor?

22 + 14 + 10 + 2 = 48

Antwort: 48 Kinder gehen in die beiden 2. Klassen

b) Die Schüler der Klasse 2a sind so aufgeteilt:
12 Kinder singen, 10 tanzen, 3 spielen Flöte.

☐ Wie viele Schüler spielen Musikinstrumente?
☒ Wie viele Schüler hat die 2a, wie viele die 2b?

12 + 10 + 3 = 25   48 - 25 = 23

Antwort: 25 Schüler hat die Klasse 2a
23 Schüler hat die Klasse 2b

①

März					
Mo		7	14	21	28
Di	1	8	15	22	29
Mi	2	9	16	23	30
Do	3	10	17	24	31
Fr	4	11	18	25	
Sa	5	12	19	26	
So	6	13	20	27	

April					
Mo		4	11	18	25
Di		5	12	19	26
Mi		6	13	20	27
Do		7	14	21	28
Fr	1	8	15	22	29
Sa	2	9	16	23	30
So	3	10	17	24	

Mai						
Mo		2	9	16	23	30
Di		3	10	17	24	31
Mi		4	11	18	25	
Do		5	12	19	26	
Fr		6	13	20	27	
Sa		7	14	21	28	
So	1	8	15	22	29	

Schreibe alle Dienstage im April auf.

5.4., 12.4., 19.4., 26.4.

Schreibe alle Sonntage im Mai auf.

1.5., 8.5., 15.5., 22.5., 29.5.

Welcher Wochentag war das?

7. März	Montag	17. April	Sonntag
20. Mai	Freitag	11. März	Freitag
1. April	Freitag	5. Juni	Sonntag

② **Färbe Monate mit 31 Tagen gelb, Monate mit 30 Tagen grün.**

Januar	April	Oktober	Juli
Dezember	Februar	März	August
September	November	Juni	Mai

Wie viele Tage hat der übrig gebliebene Monat?

Antwort: 28 oder 29 Tage

③ **Ergänze.**

Ein Jahr hat 12 Monate.

Eine Woche hat 7 Tage.

Ein Monat hat 4 ganze Wochen.

Ein Jahr hat 52 ganze Wochen.

Ein Monat kann 28, 29, 30 oder 31 Tage haben.

Ein Jahr hat 365 oder 366 Tage.

④ **Welche besonderen Tage gehören zu welchem Monat? Verbinde.**

Oktober	Sommeranfang
Dezember	Tag der dt. Einheit
Januar	Muttertag
Juni	Weihnachten
Mai	Hl. 3 Könige
September	Herbstanfang

⑤ **Verschiedene Schreibweisen**

25. Oktober 2002	25.10.02
18. Februar 2006	18.2.06
28. Mai 2006	28.5.06
1. April 2010	1.4.10

①

1 € 31 ct — 3 € 62 ct — 4 € 8 ct

1 € 10 ct — 2 € 74 ct — 7 € 25 ct

② **Ordne nach der Größe. Beginne mit dem kleinsten Betrag.**

50 ct	12 ct	1 € 4 ct	85 ct	1 € 40 ct

12 ct, 50 ct, 85 ct, 1 € 4 ct, 1 € 40 ct

③ **Immer 1 €: Welche Münze fehlt?**

④

80 € — 100 € — 40 €

63 € — 77 € — 81 €

⑤ **Ergänze.**

5 € + 5 € = 10 €	1 € 20 ct + 0 € 80 ct = 2 €
6 € + 4 € = 10 €	3 € 75 ct + 6 € 25 ct = 10 €
20 ct + 80 ct = 1 €	4 € 45 ct + 5 € 55 ct = 10 €
83 ct + 17 ct = 1 €	3 € 27 ct + 1 € 73 ct = 5 €

⑥

Preis	gegeben	Rückgeld
22 €		8 €
7 € 50 ct		2 € 50 ct
9 € 99 ct		1 ct
6 € 12 ct		4 €

① **Welche Maus hat den kürzesten Weg zum Käse? Kreise ein.**

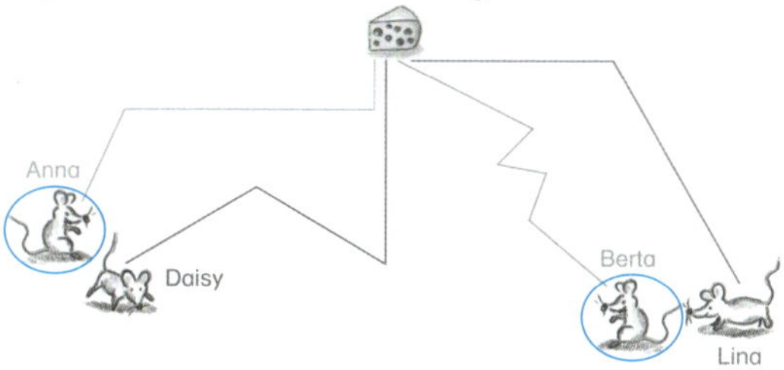

Schreibe für jede Maus eine Rechnung auf.

Anna: 2 cm + 5 cm + 1 cm = 8 cm

Daisy: 3 cm + 3 cm + 4 cm = 10 cm

Berta: 2 cm + 1 cm + 1 cm + 1 cm + 3 cm = 8 cm

Lina: 5 cm + 4 cm = 9 cm

② **Schreibe die Buchstaben doppelt so groß und halb so groß.**

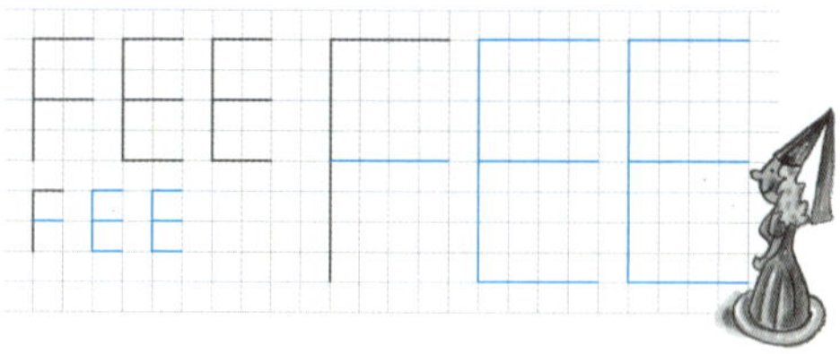

③ **Zeichne die Strecken.**

3 cm

7 cm

4 cm

11 cm

8 cm

9 cm

④ **Ergänze auf 1 m.**

50 cm + 50 cm = 1 m	75 cm + 25 cm = 1 m
20 cm + 80 cm = 1 m	60 cm + 40 cm = 1 m
95 cm + 5 cm = 1 m	8 cm + 92 cm = 1 m
34 cm + 66 cm = 1 m	55 cm + 45 cm = 1 m
29 cm + 71 cm = 1 m	1 cm + 99 cm = 1 m

Für Mathe-Super-Stars!

5 **Immer 3 Strecken ergeben zusammen 1 m. Färbe.**

30 cm	24 cm	5 cm	83 cm
36 cm	75 cm	40 cm	7 cm
12 cm	10 cm	58 cm	20 cm

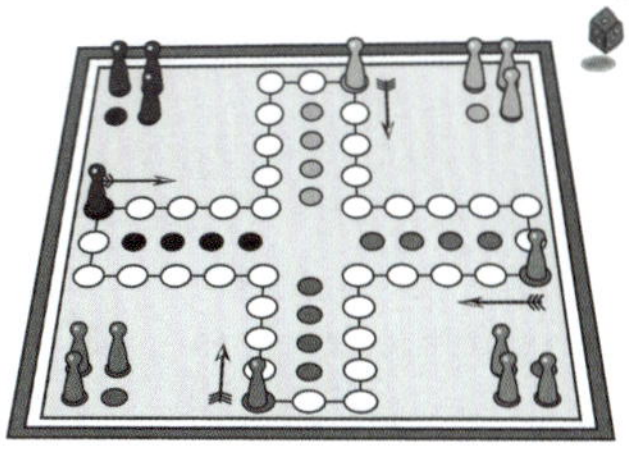

① **Kreuze an ☒. Richtig oder falsch?**

	richtig	falsch
Es ist **sicher**, dass am Ende oder oder oder gewinnt.	☒	☐
Es ist **wahrscheinlich**, dass während des Spiels Spielfiguren hinausgeworfen werden.	☒	☐
Es ist **möglich**, dass gewinnt.	☐	☒
Es ist **sicher**, dass man nach einer ein zweites Mal würfeln darf.	☒	☐
Es ist **unwahrscheinlich**, dass man immer eine würfelt.	☒	☐
Es ist **unmöglich**, das Spiel zu gewinnen, wenn man keine würfelt.	☒	☐

② **Verschiedene Spielsituationen. Kreuze an ☒.**

a) darf als nächstes würfeln:

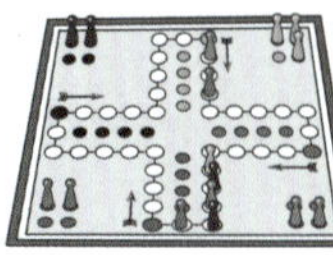

	richtig	falsch
Es ist **wahrscheinlich**, dass er eine Spielfigur hinauswirft.	☒	☐
Es ist **möglich**, dass er hinauswirft.	☒	☐
Es ist **sicher**, dass er hinauswirft.	☐	☒

b) darf als nächstes würfeln:

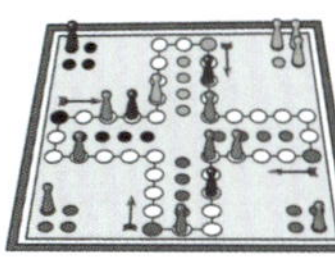

	richtig	falsch
Es ist **möglich**, dass ins Ziel kommt.	☒	☐
Es ist **wahrscheinlich**, dass ins Ziel kommt.	☒	☐
Es ist **sicher**, dass ins Ziel kommt.	☐	☒

c) darf als nächstes würfeln:

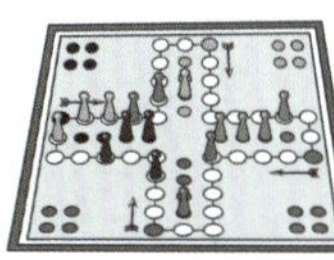

	richtig	falsch
Es ist **möglich**, dass im nächsten Zug gewinnt.	☒	☐
Es ist **sicher**, dass im nächsten Zug gewinnt.	☐	☒
Es ist **wahrscheinlich**, dass das Spiel gewinnt.	☒	☐

①  

2 + 2 + 2 + 2 + 2 = 10 | 2 + 2 + 2 = 6
5 · 2 = 10 | 3 · 2 = 6

3 + 3 + 3 = 9 | 3 + 3 + 3 + 3 = 12
3 · 3 = 9 | 4 · 3 = 12

4 + 4 + 4 = 12 | 4 + 4 + 4 + 4 = 16
3 · 4 = 12 | 4 · 4 = 16

②  

6 + 6 = 12 | 6 + 6 + 6 = 18
2 · 6 = 12 | 3 · 6 = 18

7 + 7 + 7 = 21
3 · 7 = 21

5 + 5 + 5 + 5 + 5 + 5 = 30
6 · 5 = 30

③ **Verbinde.**

2 + 2 + 2 + 2 + 2 + 2 + 2 = 14	7 · 2 = 14
3 + 3 + 3 = 9	3 · 3 = 9
6 + 6 + 6 + 6 + 6 = 30	5 · 6 = 30
5 + 5 + 5 + 5 + 5 + 5 = 30	6 · 5 = 30
4 + 4 + 4 + 4 + 4 = 20	5 · 4 = 20

④ **Wie heißt die Malaufgabe?**

3 + 3 + 3 + 3 + 3 = 15
5 · 3 = 15

2 + 2 + 2 + 2 + 2 + 2 + 2 = 14
7 · 2 = 14

7 + 7 + 7 + 7 = 28
4 · 7 = 28

6 + 6 + 6 + 6 = 24
4 · 6 = 24

⑤ **Wie heißt die Plusaufgabe?**

8 + 8 + 8 = 24
3 · 8 = 24

4 + 4 + 4 + 4 + 4 = 20
5 · 4 = 20

9 + 9 + 9 = 27
3 · 9 = 27

5 + 5 + 5 + 5 + 5 = 25
5 · 5 = 25

① **Schreibe die passende Malaufgabe und Tauschaufgabe.**

2 · 8 = 16  8 · 2 = 16

3 · 6 = 18 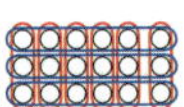 6 · 3 = 18

4 · 5 = 20 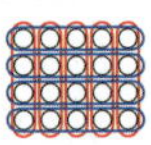 5 · 4 = 20

4 · 6 = 24 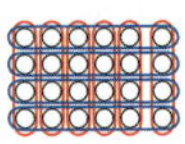 6 · 4 = 24

2 · 7 = 14 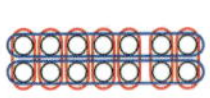 7 · 2 = 14

3 · 4 = 12 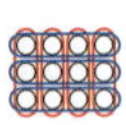 4 · 3 = 12

3 · 10 = 30 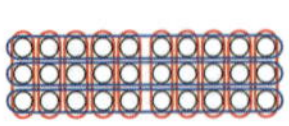 10 · 3 = 30

② **Quadrataufgaben**

2 · 2 = 4 | 3 · 3 = 9 | 4 · 4 = 16 | 5 · 5 = 25

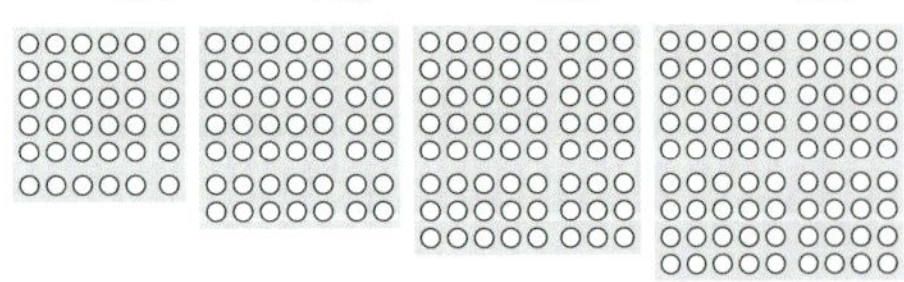

6 · 6 = 36 | 7 · 7 = 49 | 8 · 8 = 64 | 9 · 9 = 81

③ **Verdoppeln**

1 · 2 = 2	1 · 3 = 3	1 · 4 = 4	1 · 5 = 5
2 · 2 = 4	2 · 3 = 6	2 · 4 = 8	2 · 5 = 10
1 · 6 = 6	1 · 7 = 7	1 · 8 = 8	1 · 9 = 9
2 · 6 = 12	2 · 7 = 14	2 · 8 = 16	2 · 9 = 18

④ **Aufgabe und Tauschaufgabe. Färbe gleich.**

5 · 2 = 10	4 · 2 = 8	2 · 7 = 14	8 · 2 = 16
7 · 2 = 14	2 · 5 = 10	2 · 3 = 6	2 · 9 = 18
3 · 2 = 6	2 · 4 = 8	9 · 2 = 18	2 · 8 = 16

①

2 · 3 = 6
3 · 2 = 6

3 · 3 = 9

4 · 3 = 12
3 · 4 = 12

3 · 4 = 12
4 · 3 = 12

4 · 4 = 16

5 · 4 = 20
4 · 5 = 20

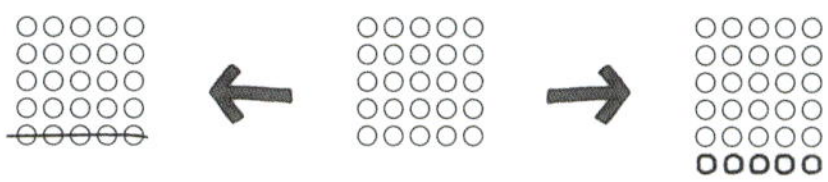

4 · 5 = 20
5 · 4 = 20

5 · 5 = 25

6 · 5 = 30
5 · 6 = 30

②

5 · 6 = 30
6 · 5 = 30

6 · 6 = 36

7 · 6 = 42
6 · 7 = 42

6 · 7 = 42
7 · 6 = 42

7 · 7 = 49

8 · 7 = 56
7 · 8 = 56

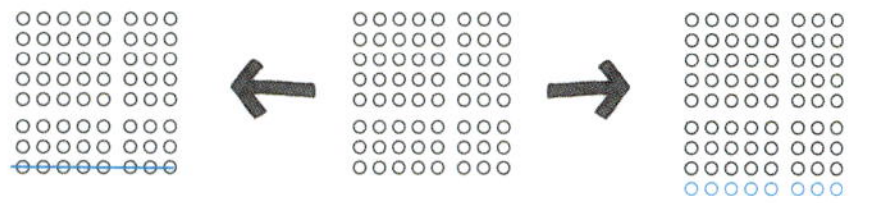

7 · 8 = 56
8 · 7 = 56

8 · 8 = 64

9 · 8 = 72
8 · 9 = 72

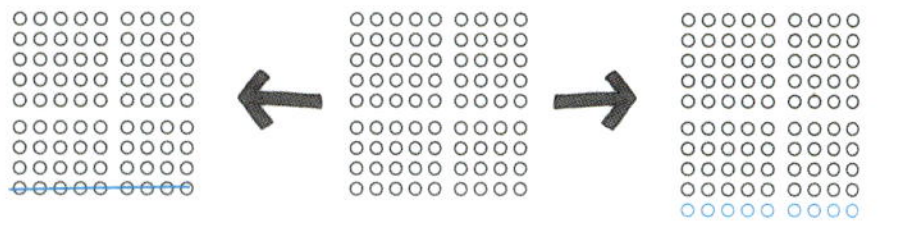

8 · 9 = 72
9 · 8 = 72

9 · 9 = 81

10 · 9 = 90
9 · 10 = 90

10 · 4 = 40

4 · 10 = 40

①

10 · 2 = 20	10 · 3 = 30	10 · 4 = 40
2 · 10 = 20	3 · 10 = 30	4 · 10 = 40
10 · 6 = 60	10 · 5 = 50	8 · 10 = 80
6 · 10 = 60	5 · 10 = 50	10 · 8 = 80

②

10 · 2 = 20	10 · 1 = 10	1 · 10 = 10	3 · 10 = 30
10 · 4 = 40	10 · 5 = 50	2 · 10 = 20	6 · 10 = 60
10 · 8 = 80	10 · 10 = 100	4 · 10 = 40	7 · 10 = 70
10 · 3 = 30	10 · 0 = 0	5 · 10 = 50	9 · 10 = 90
10 · 6 = 60	10 · 7 = 70	10 · 10 = 100	8 · 10 = 80

③

5 · 2 = 10	5 · 1 = 5	1 · 5 = 5	3 · 5 = 15
5 · 4 = 20	5 · 5 = 25	2 · 5 = 10	6 · 5 = 30
5 · 8 = 40	5 · 9 = 45	4 · 5 = 20	7 · 5 = 35
5 · 3 = 15	5 · 0 = 0	8 · 5 = 40	9 · 5 = 45
5 · 6 = 30	5 · 7 = 35	5 · 5 = 25	0 · 5 = 0

5 · 4 = 20

4 · 5 = 20

④

5 · 6 = 30	5 · 4 = 20	5 · 7 = 35	5 · 9 = 45
6 · 5 = 30	4 · 5 = 20	7 · 5 = 35	9 · 5 = 45
5 · 10 = 50	5 · 1 = 5	5 · 8 = 40	5 · 0 = 0
10 · 5 = 50	1 · 5 = 5	8 · 5 = 40	0 · 5 = 0

⑤

10 · 2 = 20	10 · 9 = 90	5 · 2 = 10	7 · 5 = 35
10 · 4 = 40	10 · 3 = 30	5 · 1 = 5	6 · 5 = 30
10 · 8 = 80	10 · 6 = 60	5 · 5 = 25	9 · 5 = 45

⑥

10 · 9 = 90	7 · 10 = 70	10 · 8 = 80	6 · 10 = 60
5 · 9 = 45	7 · 5 = 35	5 · 8 = 40	6 · 5 = 30
10 · 2 = 20	3 · 10 = 30	5 · 10 = 50	10 · 4 = 40
5 · 2 = 10	3 · 5 = 15	5 · 5 = 25	5 · 4 = 20

Kernaufgaben

Die Kernaufgaben kann ich schon im Schlaf!

·2

1 · 2 = 2	2 · 1 = 2
2 · 2 = 4	2 · 2 = 4
5 · 2 = 10	2 · 5 = 10
10 · 2 = 20	2 · 10 = 20

·5

1 · 5 = 5	5 · 1 = 5
2 · 5 = 10	5 · 2 = 10
5 · 5 = 25	5 · 5 = 25
10 · 5 = 50	5 · 10 = 50

·3

1 · 3 = 3	3 · 1 = 3
2 · 3 = 6	3 · 2 = 6
3 · 3 = 9	3 · 3 = 9
5 · 3 = 15	3 · 5 = 15
10 · 3 = 30	3 · 10 = 30

·4

1 · 4 = 4	4 · 1 = 4
2 · 4 = 8	4 · 2 = 8
4 · 4 = 16	4 · 4 = 16
5 · 4 = 20	4 · 5 = 20
10 · 4 = 40	4 · 10 = 40

·6

1 · 6 = 6	6 · 1 = 6
2 · 6 = 12	6 · 2 = 12
5 · 6 = 30	6 · 5 = 30
6 · 6 = 36	6 · 6 = 36
10 · 6 = 60	6 · 10 = 60

·7

1 · 7 = 7	7 · 1 = 7
2 · 7 = 14	7 · 2 = 14
5 · 7 = 35	7 · 5 = 35
7 · 7 = 49	7 · 7 = 49
10 · 7 = 70	7 · 10 = 70

·8

1 · 8 = 8	8 · 1 = 8
2 · 8 = 16	8 · 2 = 16
5 · 8 = 40	8 · 5 = 40
8 · 8 = 64	8 · 8 = 64
10 · 8 = 80	8 · 10 = 80

·9

1 · 9 = 9	9 · 1 = 9
2 · 9 = 18	9 · 2 = 18
5 · 9 = 45	9 · 5 = 45
9 · 9 = 81	9 · 9 = 81
10 · 9 = 90	9 · 10 = 90

Malaufgaben bauen

Die obere Malaufgabe lässt sich aus 2 Kernaufgaben bauen.

①

oben	unten links	unten rechts
6 · 5 = 30	5 · 5 = 25	1 · 5 = 5
7 · 8 = 56	5 · 8 = 40	2 · 8 = 16
3 · 4 = 12	2 · 4 = 8	1 · 4 = 4
6 · 9 = 54	5 · 9 = 45	1 · 9 = 9
7 · 3 = 21	5 · 3 = 15	2 · 3 = 6
3 · 6 = 18	2 · 6 = 12	1 · 6 = 6
8 · 4 = 32	4 · 4 = 16	4 · 4 = 16
6 · 8 = 48	5 · 8 = 40	1 · 8 = 8

②

5 · 5 = 25	4 · 4 = 16	5 · 4 = 20	8 · 8 = 64
1 · 5 = 5	2 · 4 = 8	2 · 4 = 8	1 · 8 = 8
6 · 5 = 30	6 · 4 = 24	7 · 4 = 28	9 · 8 = 72
6 · 6 = 36	6 · 6 = 36	5 · 6 = 30	7 · 7 = 49
1 · 6 = 6	2 · 6 = 12	2 · 6 = 12	1 · 7 = 7
7 · 6 = 42	8 · 6 = 48	7 · 6 = 42	8 · 7 = 56

Mit Körpern bauen

Trage die Namen der Körper ein.

Würfel — Quader — Kugel — Pyramide — Zylinder — Prisma

① **Kreise mit der richtigen Farbe ein.**
Kugel: gelb, **Würfel:** grün, **Quader:** blau, **Zylinder:** rot, **Prisma:** orange, **Pyramide:** lila

② **Aus welchen Körpern sind die Figuren gebaut? Zähle.**

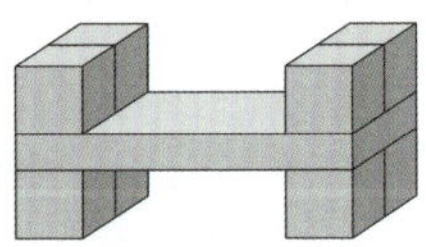

Kugel	0	Zylinder	0
Würfel	8	Prisma	0
Quader	1	Pyramide	0

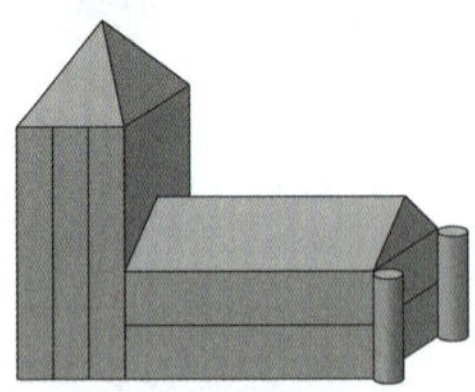

Kugel	0	Zylinder	2
Würfel	0	Prisma	1
Quader	5	Pyramide	1

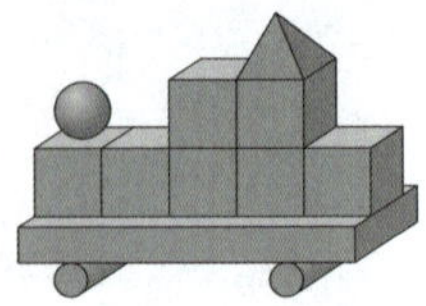

Kugel	1	Zylinder	2
Würfel	7	Prisma	0
Quader	1	Pyramide	1

① **Verteile gerecht.**

9 : 3 = 3

3 · 3 = 9

12 : 4 = 3

4 · 3 = 12

② **Teile auf. Immer gleich viele.**

12 : 3 = 4

4 · 3 = 12

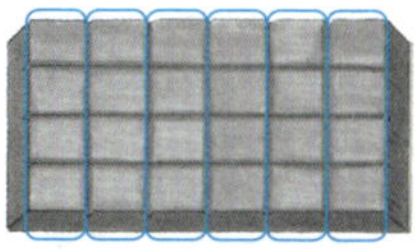

24 : 4 = 6

6 · 4 = 24

③ **Teile.**

18 : 6 = 3

3 · 6 = 18

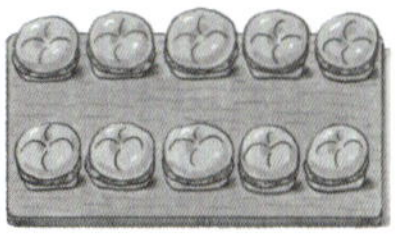

10 : 2 = 5

5 · 2 = 10

①

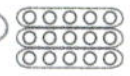

3 · 5 = 15

15 : 5 = 3

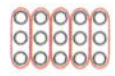

5 · 3 = 15

15 : 3 = 5

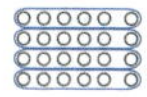

4 · 6 = 24

24 : 6 = 4

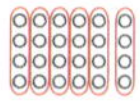

6 · 4 = 24

24 : 4 = 6

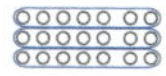

3 · 7 = 21

21 : 7 = 3

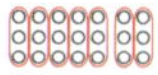

7 · 3 = 21

21 : 3 = 7

3 · 4 = 12

12 : 4 = 3

4 · 3 = 12

12 : 3 = 4

② **Schreibe und rechne Mal- und Geteiltaufgabe.**

2 · 3 = 6	5 · 4 = 20	7 · 7 = 49	9 · 9 = 81
6 : 3 = 2	20 : 4 = 5	49 : 7 = 7	81 : 9 = 9
5 · 2 = 10	6 · 5 = 30	6 · 6 = 36	4 · 4 = 16
10 : 2 = 5	30 : 5 = 6	36 : 6 = 6	16 : 4 = 4

③ **Für Mathe-Super-Stars!**

Wenn ich meine Zahl durch 4 teile, erhalte ich 8.
Die Zahl heißt 32.

Ich nehme meine Zahl mal 6 und erhalte 48.
Wie heißt meine Zahl? 8

① **3 Zahlen – 4 Aufgaben**

5 6 30	80 10 8	9 2 18
5 · 6 = 30	10 · 8 = 80	2 · 9 = 18
6 · 5 = 30	8 · 10 = 80	9 · 2 = 18
30 : 6 = 5	80 : 8 = 10	18 : 2 = 9
30 : 5 = 6	80 : 10 = 8	18 : 9 = 2

②

: 2	
6	3
20	10
14	7
16	8
12	6

: 10	
30	3
70	7
40	4
60	6
50	5

: 5	
40	8
30	6
15	3
35	7
20	4

③ **Welche Geteiltaufgabe passt zu welcher Malaufgabe?**

8 : 2 = 4	7 · 5 = 35	64 : 8 = 8	7 · 7 = 49
35 : 5 = 7	4 · 5 = 20	49 : 7 = 7	8 · 8 = 64
20 : 5 = 4	4 · 2 = 8	81 : 9 = 9	3 · 8 = 24
40 : 10 = 4	1 · 8 = 8	24 : 8 = 3	6 · 7 = 42
8 : 8 = 1	4 · 10 = 40	42 : 7 = 6	9 · 9 = 81

①

②

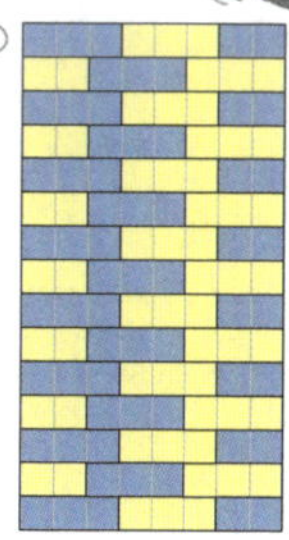

③

④ **Für Mathe-Super-Stars!**

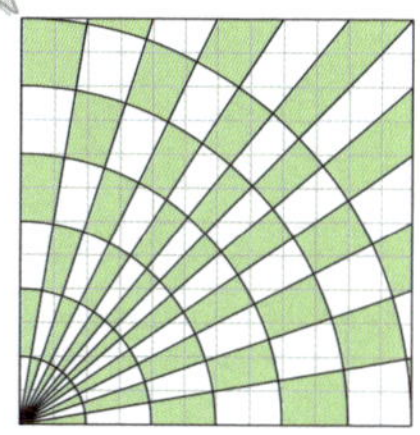

① Katharina geht mit drei Freundinnen und ihrem Bruder in die Eisdiele. Jedes Kind bekommt 2 Kugeln Eis. Eine Kugel kostet 1 €.

a) Diese Frage kannst du beantworten ohne zu rechnen:

Wie viel kostet eine Kugel Eis? 1 €

b) Rechne und antworte.

Wie viele Kinder gehen in die Eisdiele? 5 Kinder

Wie viel kostet das Eis für ein Kind? 2 · 1 € = 2 €

Wie viel kostet es für alle zusammen? 5 · 2 € = 10 €

② Frau Klein geht mit ihren Kindern Nina und Michael ins Kino. Sie bezahlt mit einem 20-€-Schein.

a) Welche Fragen kannst du beantworten ohne zu rechnen? Kreuze an ☒ und antworte.

- ☐ Wie viel muss Frau Klein insgesamt bezahlen? 14 €
- ☒ Wie viel kostet eine Kinokarte für Kinder? 4 €
- ☒ Wie viele Erwachsenenkarten und wie viele Kinderkarten kauft Frau Klein?
  Erwachsenenkarten: 1 Kinderkarten: 2
- ☐ Wie viel kostet der Eintritt für beide Kinder? 8 €
- ☐ Wie viel Geld bekommt Frau Klein zurück? 6 €

b) Rechne und beantworte die übrigen Fragen.

2 · 4 € = 8 € 6 € + 8 € = 14 €

20 € – 14 € = 6 €

③ Herr und Frau Schön machen mit ihren Kindern Michael, Florian und Silke einen Ausflug ins Erlebnisbad. Sie wollen 3 Stunden bleiben.

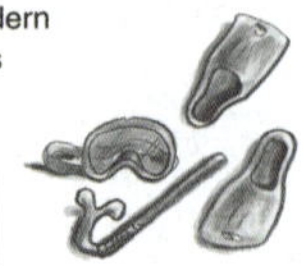

3 Stunden:	
Kinder	5 €
Erwachsene	8 €

*Unser Angebot:
Familien-tageskarte 25 €

Lies die Fragen genau, rechne und antworte.

a) Wie teuer ist der Eintritt für 2 Erwachsene? 16 €
2 · 8 € = 16 €

b) Was müssen 3 Kinder insgesamt bezahlen? 15 €
3 · 5 € = 15 €

c) Wie teuer ist der Eintritt für die ganze Familie? 31 €
16 € + 15 € = 31 €

d) Lohnt sich für Familie Schön eine Tageskarte? ☒ ja ☐ nein

e) Wie viel kann Familie Schön sparen? 6 €
31 € – 25 € = 6 €

Für Mathe-Super-Stars!

4 Lohnt sich die Familientageskarte bei 2 Erwachsenen und 2 Kindern? ☒ ja ☐ nein

Wie viel spart die Familie? Sie spart 1 €.

2 · 5 € = 10 € 16 € + 10 € = 26 €

Welche Frage gehört zu welcher Aufgabe?
Rechne und antworte.

A Wie viel Geld bleibt übrig?

B Wie viel Geld spart sie?

C Wie viele Seiten hat das Buch?

D Wie viele Bücher hat sie gekauft?

① Timo hat zum Geburtstag von seiner Tante 30 € bekommen. Er möchte sich ein Taschenbuch für 9 € und ein Sachbuch für 14 € kaufen.

Trage den Buchstaben der richtigen Frage ein.

Frage: A

9 € + 14 € = 23 €
30 € – 23 € = 7 €

Antwort: 7 € bleiben übrig.

② Clara hat sich ein spannendes Abenteuerbuch ausgeliehen. Am 1. Tag liest sie 18 Seiten, am 2. Tag 24 Seiten, an den nächsten beiden Tagen schafft sie je 15 Seiten, dann ist das Buch zu Ende.

Frage: C

18 + 24 + 15 + 15 = 72

Antwort: Das Buch hat 72 Seiten.

③ Für die Sieger beim Sportfest kauft Frau Sommer Bücher zu je 5 €. Sie bezahlt insgesamt 40 €.

Frage: D

40 € : 5 € = 8

Antwort: Frau Sommer hat 8 Bücher gekauft.

Lies die Aufgaben genau und rechne.

① Manuel hat 26 € gespart. Er hat 6 € mehr als Katharina. Petra hat doppelt so viel Geld wie Katharina. Stefan hat 3 € weniger als Manuel.

Wie viel Geld hat jedes Kind gespart?

Manuel: 26 € Katharina: 20 €

Petra: 40 € Stefan: 23 €

② Thomas wirft den Schlagball 24 m weit, sein Freund Andreas wirft 5 m weiter. Paula wirft nur halb so weit wie Thomas, Lisa wirft 4 m weiter als Paula.

Wie weit werfen die Kinder?

Thomas: 24 m Andreas: 29 m

Paula: 12 m Lisa: 16 m

3 Der Vater ist 4 Jahre älter als die Mutter. Die Mutter ist 5-mal so alt wie Sabine. Sabine ist 8 Jahre alt, ihr Bruder Christian ist 3 Jahre älter.

Wie alt ist jeder?

Sabine: 8 Jahre

Christian: 11 Jahre

Mutter: 40 Jahre

Vater: 44 Jahre

Für Mathe-Super-Stars!

① **Lies beide Uhrzeiten ab.**

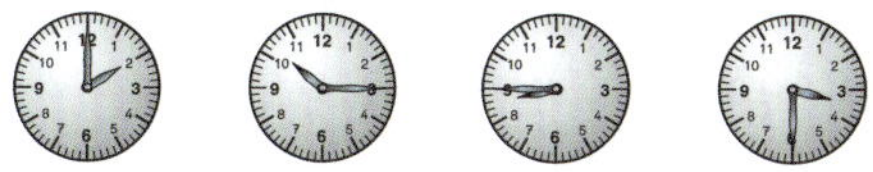

☀ 14 Uhr	☀ 10.15 Uhr	☀ 8.45 Uhr	☀ 15.30 Uhr
☾ 2 Uhr	☾ 22.15 Uhr	☾ 20.45 Uhr	☾ 3.30 Uhr

② **Zeichne die Zeiger ein.**

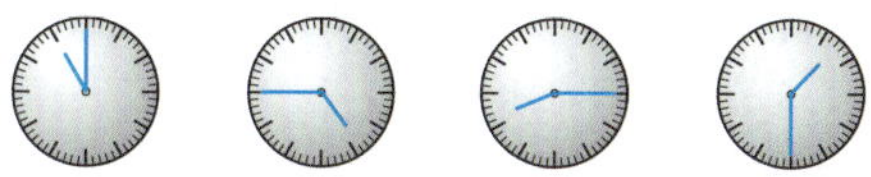

11 Uhr | 16.45 Uhr | 8.15 Uhr | 13.30 Uhr

③ **Florians Tagesablauf. Ordne den Bildern die Uhrzeiten zu.**

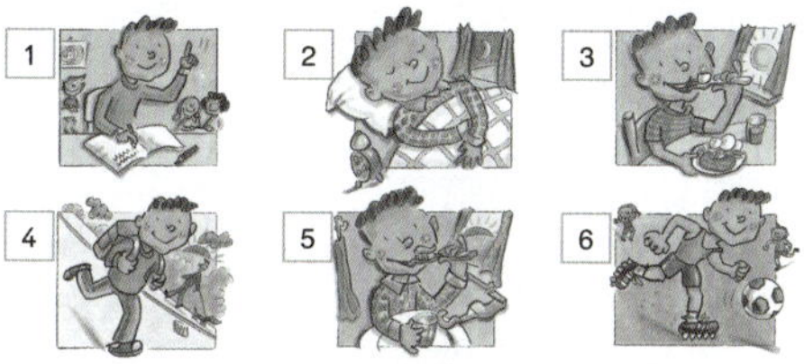

4	7.45 Uhr	3	12.45 Uhr	2	22 Uhr
1	11 Uhr	5	19.30 Uhr	6	16.15 Uhr

④ **Verbinde.**

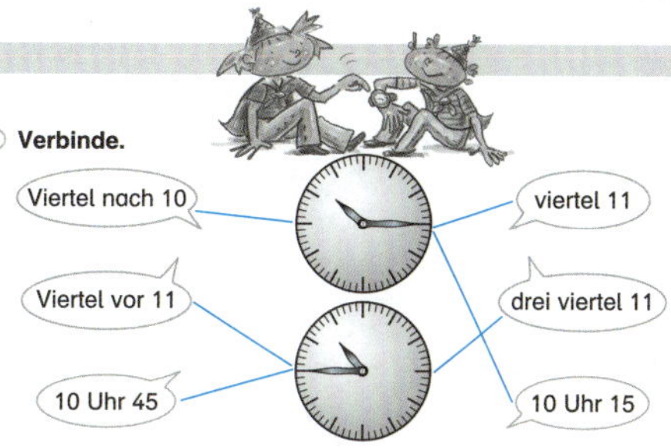

⑤ **Wie viele Minuten sind vergangen?**

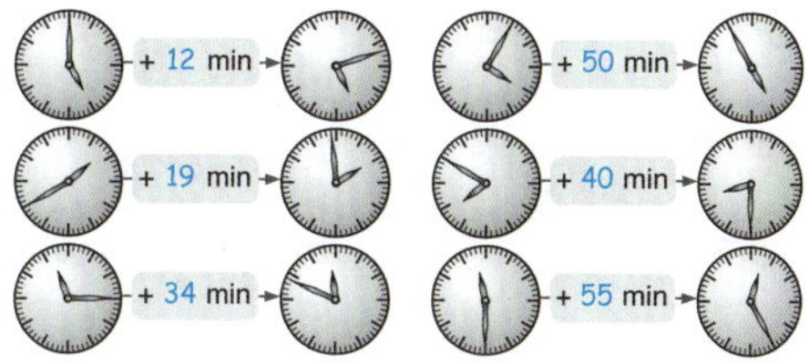

⑥ **Ergänze auf 1 h.**

Eine Stunde hat 60 Minuten.

20 min + 40 min = 1 h	35 min + 25 min = 1 h
15 min + 45 min = 1 h	50 min + 10 min = 1 h
30 min + 30 min = 1 h	5 min + 55 min = 1 h
25 min + 35 min = 1 h	12 min + 48 min = 1 h
45 min + 15 min = 1 h	39 min + 21 min = 1 h

①

	€	ct	mit Komma
	2	15	2,15 €
	11	72	11,72 €
	23		23,00 €
		86	0,86 €
	3	27	3,27 €

② **Gleiche Geldbeträge – gleiche Farbe**

4 € 21 ct	2 € 41 ct	421 ct	2,41 €
8,20 €	8 € 20 ct	8,02 €	820 ct
802 ct	4,21 €	241 ct	8 € 2 ct

③

3,20 €	4,70 €	7,19 €
3 € 20 ct	4 € 70 ct	7 € 19 ct
320 ct	470 ct	719 ct
4,02 €	8,99 €	5,07 €
4 € 2 ct	8 € 99 ct	5 € 7 ct
402 ct	899 ct	507 ct

Wie viel muss jeder bezahlen? Rechne.

① Mateja kauft 1 Flasche Saft, 1 Stück Kuchen und 2 Lose.

1,50 € + 1 € = 2,50 € 2,50 € + 0,40 € = 2,90 €

Sie bezahlt 2,90 €.

② Michael hat 2 Luftballons, 2 Lose und 1 Eis gekauft.

60 ct + 40 ct = 1 € 1 € + 1 € = 2 €

Er muss 2 € bezahlen.

③ Andreas kauft für sich und seinen Bruder ein:
2 belegte Brötchen, 2 Flaschen Limo und 2 Luftballons.

1,50 € + 1,50 € + 2 € = 5 € 5 € + 60 ct = 5,60 €

Er bezahlt 5,60 €.

④ Familie Schwarz kauft 2 Eistee, 2 Flaschen Saft, 4 Stück Kuchen, 2 Eis und 4 Lose.

1 € + 3 € + 4 € + 2 € + 80 ct = 10,80 €

Alles zusammen kostet 10,80 €.

⑤ Sophie möchte 1 Bratwurst und 1 Limo. Sie bezahlt mit einem 5-€-Schein. Wie viel bekommt sie zurück?

2 € + 1 € = 3 € 5 € - 3 € = 2 €

Sie bekommt 2 € zurück.

Urlaubsfotos – von wo aus fotografiert?

Bernhard ist mit dem Rad um den See gefahren.
An den Plätzen ❶, ❷, ❸ hat er ein Foto gemacht.

Male die richtigen Aufnahmen farbig an.

Fotoplatz ❶

Fotoplatz ❷

Fotoplatz ❸

So viele Stunden schlafen diese Tiere pro Tag:

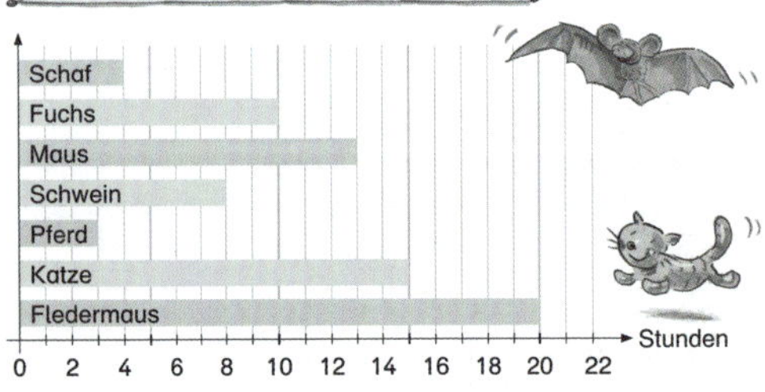

① **Lies ab.**

		Stunden
Welches Tier schläft am längsten?	Fledermaus	20
Welches Tier schläft am kürzesten?	Pferd	3

② **Welche Aussagen stimmen? Kreuze an ☒.**

Und wie lange schläfst du?

- ☐ Ein Schaf schläft länger als eine Maus.
- ☒ Ein Fuchs schläft nur halb so lang wie eine Fledermaus.
- ☒ Ein Schwein schläft doppelt so lang wie ein Schaf.
- ☐ Ein Pferd schläft länger als eine Maus.
- ☐ Eine Katze schläft genau so lang wie eine Fledermaus.
- ☒ Eine Maus schläft 2 Stunden weniger als eine Katze.
- ☐ Ein Schwein schläft 2 Stunden länger als ein Fuchs.

Das Geheimnis des Sternenhimmels
Auflösung Sternenbild: Schwan

4

___ € ___ € ___ €

___ € ___ € ___ €

5 **Ergänze.**

5 € + ___ € = 10 €

6 € + ___ € = 10 €

20 ct + ___ ct = 1 €

83 ct + ___ ct = 1 €

1 € 20 ct + ___ € ___ ct = 2 €

3 € 75 ct + ___ € ___ ct = 10 €

4 € 45 ct + ___ € ___ ct = 10 €

3 € 27 ct + ___ € ___ ct = 5 €

6

Preis	**gegeben**	**Rückgeld**
22 €		
7 € 50 ct		
9 € 99 ct		
6 € 12 ct		

① **Welche Maus hat den kürzesten Weg zum Käse? Kreise ein.**

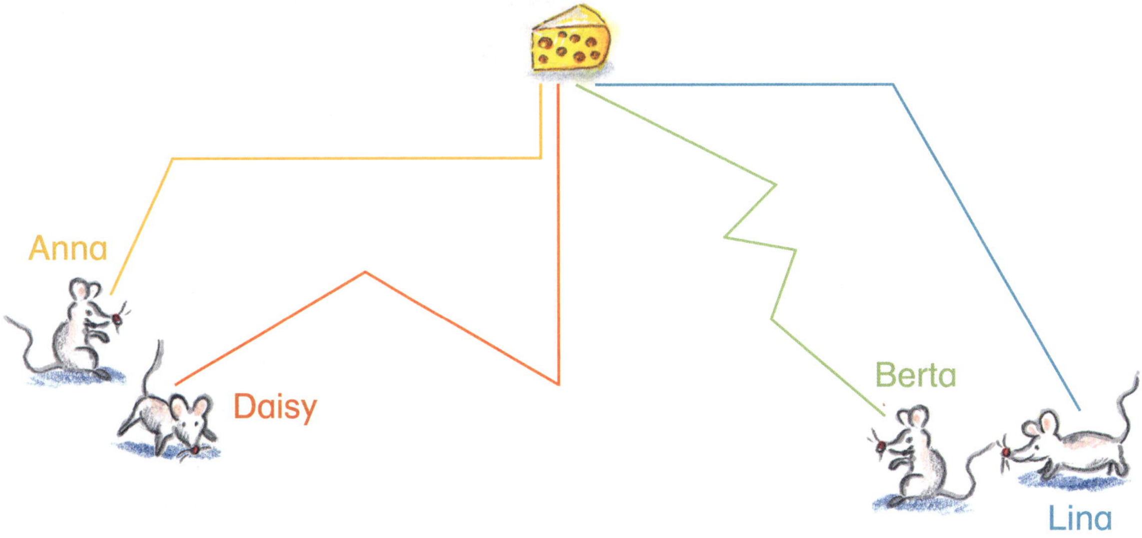

Schreibe für jede Maus eine Rechnung auf.

Anna: 2 cm + ____________________

Daisy: ____________________

Berta: ____________________

Lina: ____________________

② **Schreibe die Buchstaben doppelt so groß und halb so groß.**

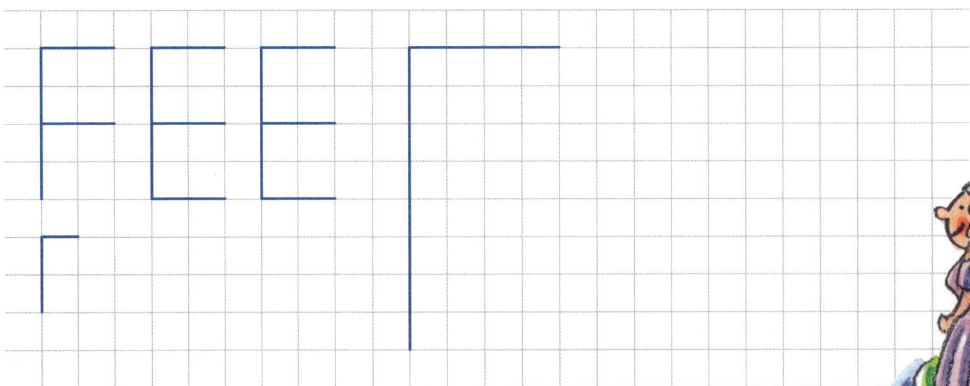

③ Zeichne die Strecken.

3 cm

7 cm

4 cm

11 cm

8 cm

9 cm

④ Ergänze auf 1 m.

50 cm + ___ cm = 1 m	75 cm + ___ cm = 1 m
20 cm + ___ cm = 1 m	60 cm + ___ cm = 1 m
95 cm + ___ cm = 1 m	8 cm + ___ cm = 1 m
34 cm + ___ cm = 1 m	55 cm + ___ cm = 1 m
29 cm + ___ cm = 1 m	1 cm + ___ cm = 1 m

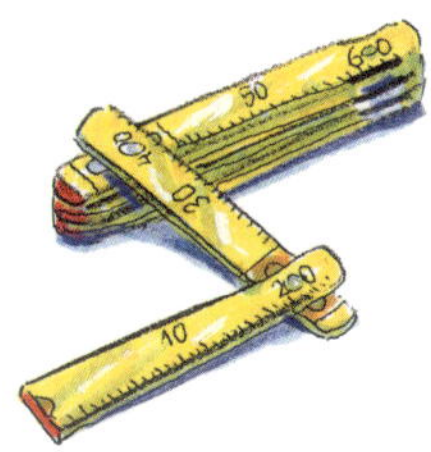

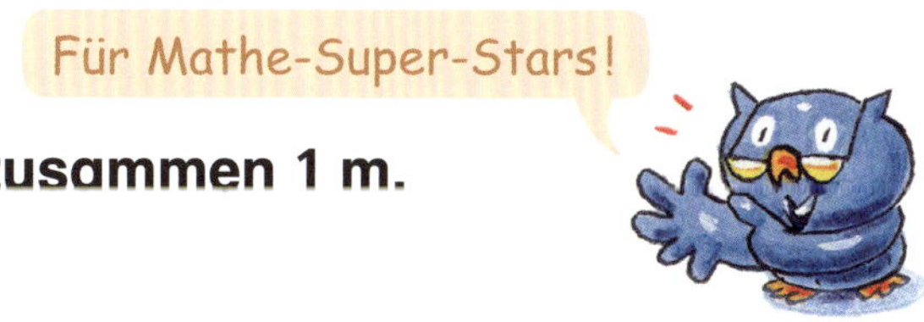

5 Immer 3 Strecken ergeben zusammen 1 m. Färbe.

30 cm	24 cm	5 cm	83 cm
36 cm	75 cm	40 cm	7 cm
12 cm	10 cm	58 cm	20 cm

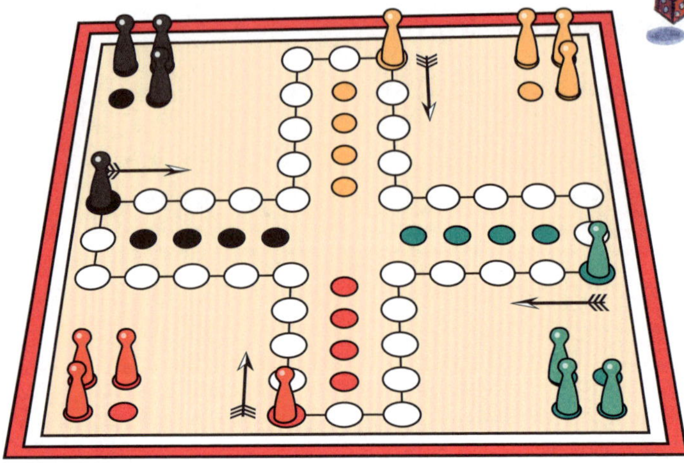

1 Kreuze an ☒. Richtig oder falsch?

	richtig	falsch
Es ist **sicher**, dass am Ende  oder  oder  oder  gewinnt.	☐	☐
Es ist **wahrscheinlich**, dass während des Spiels Spielfiguren hinausgeworfen werden.	☐	☐
Es ist **möglich**, dass  gewinnt.	☐	☐
Es ist **sicher**, dass man nach einer  ein zweites Mal würfeln darf.	☐	☐
Es ist **unwahrscheinlich**, dass man immer eine  würfelt.	☐	☐
Es ist **unmöglich**, das Spiel zu gewinnen, wenn man keine  würfelt.	☐	☐

② Verschiedene Spielsituationen. Kreuze an ☒.

a) darf als nächstes würfeln:

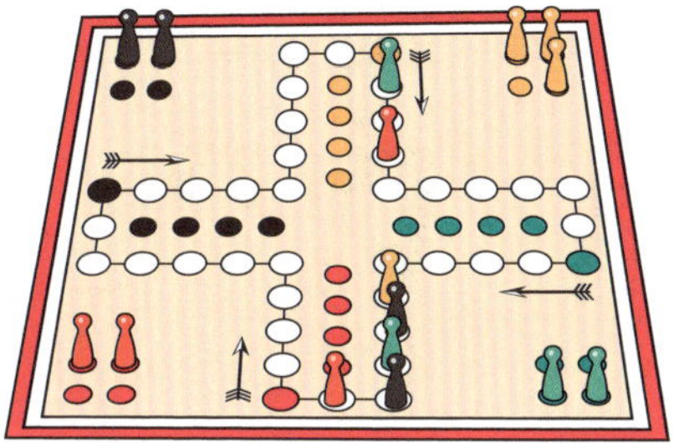

	richtig	falsch
Es ist **wahrscheinlich**, dass er eine Spielfigur hinauswirft.	☐	☐
Es ist **möglich**, dass er hinauswirft.	☐	☐
Es ist **sicher**, dass er hinauswirft.	☐	☐

b) darf als nächstes würfeln:

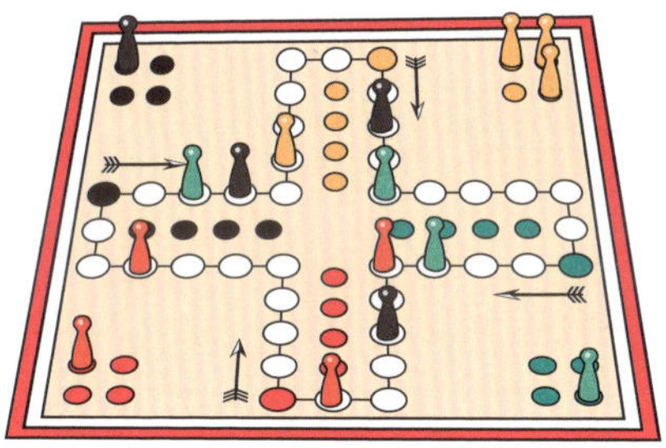

	richtig	falsch
Es ist **möglich**, dass ins Ziel kommt.	☐	☐
Es ist **wahrscheinlich**, dass ins Ziel kommt.	☐	☐
Es ist **sicher**, dass ins Ziel kommt.	☐	☐

c) darf als nächstes würfeln:

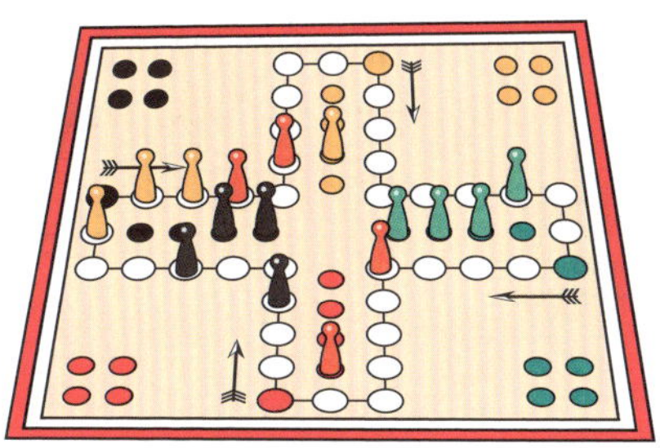

	richtig	falsch
Es ist **möglich**, dass im nächsten Zug gewinnt.	☐	☐
Es ist **sicher**, dass im nächsten Zug gewinnt.	☐	☐
Es ist **wahrscheinlich**, dass das Spiel gewinnt.	☐	☐

1

2 + 2 + 2 + 2 + 2 = ___

5 · 2 = ___

2 + 2 + 2 = ___

3 · 2 = ___

3 + 3 + 3 = ___

3 · 3 = ___

3 + 3 + 3 + 3 = ___

4 · 3 = ___

4 + 4 + 4 = ___

3 · 4 = ___

4 + 4 + 4 + 4 = ___

4 · 4 = ___

2

___ + ___ = ___

___ · ___ = ___

___ + ___ + ___ = ___

___ · ___ = ___

___ + ___ + ___ = ___

___ · ___ = ___

___ + ___ + ___ + ___ + ___ + ___ = ___

___ · ___ = ___

③ **Verbinde.**

2 + 2 + 2 + 2 + 2 + 2 + 2 = ___	5 · 6 = ___
3 + 3 + 3 = ___	6 · 5 = ___
6 + 6 + 6 + 6 + 6 = ___	3 · 3 = ___
5 + 5 + 5 + 5 + 5 + 5 = ___	7 · 2 = ___
4 + 4 + 4 + 4 + 4 = ___	5 · 4 = ___

④ **Wie heißt die Malaufgabe?**

3 + 3 + 3 + 3 + 3 = ___
___ · ___ = ___

2 + 2 + 2 + 2 + 2 + 2 + 2 = ___
___ · ___ = ___

7 + 7 + 7 + 7 = ___
___ · ___ = ___

6 + 6 + 6 + 6 = ___
___ · ___ = ___

⑤ **Wie heißt die Plusaufgabe?**

___ + ___ + ___ = ___
3 · 8 = ___

_______________ = ___
5 · 4 = ___

_______________ = ___
3 · 9 = ___

_______________ = ___
5 · 5 = ___

① Schreibe die passende Malaufgabe und Tauschaufgabe.

2 · 8 = ____

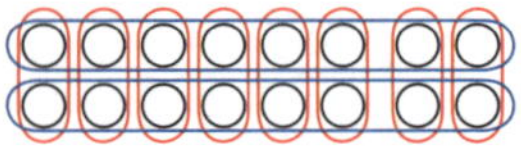

8 · 2 = ____

3 · 6 = ____

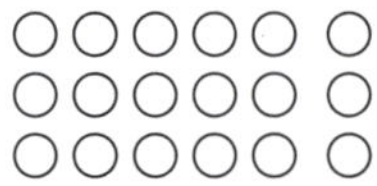

6 · 3 = ____

4 · ____ = ____

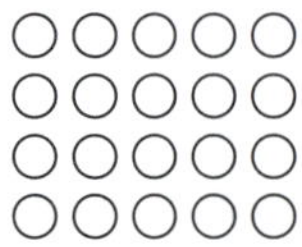

____

____

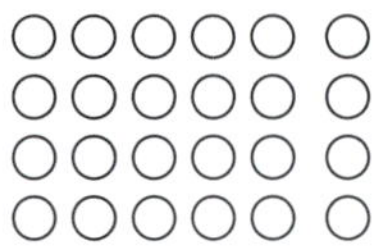

____

____

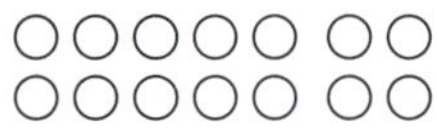

____

____

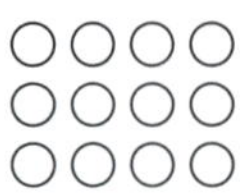

____

____

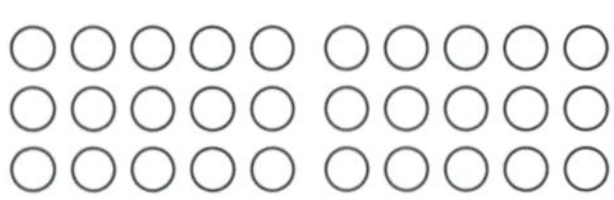

____

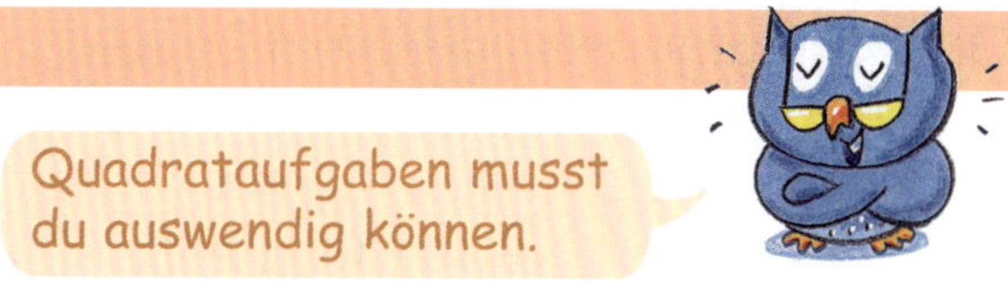

② Quadrataufgaben

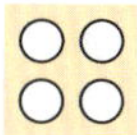 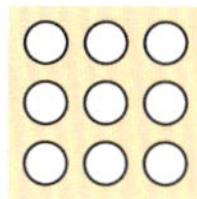 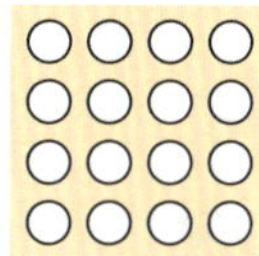 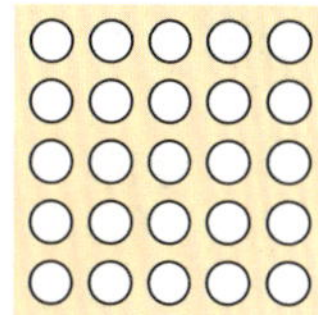

$2 \cdot 2 =$ ___ $3 \cdot 3 =$ ___ $4 \cdot 4 =$ ___ $5 \cdot 5 =$ ___

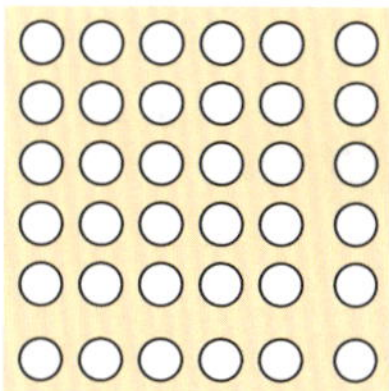 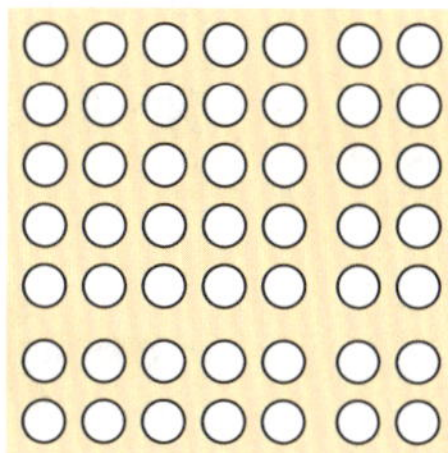 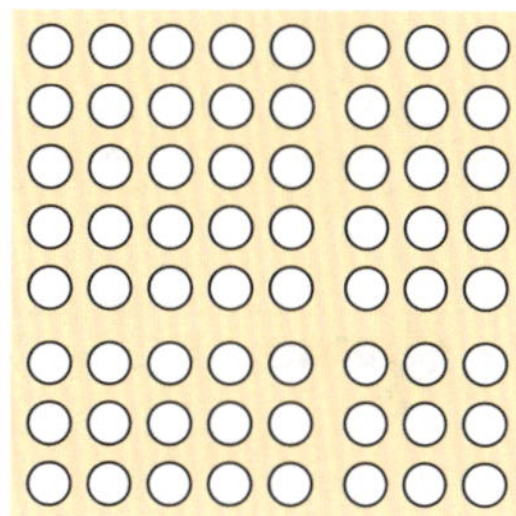 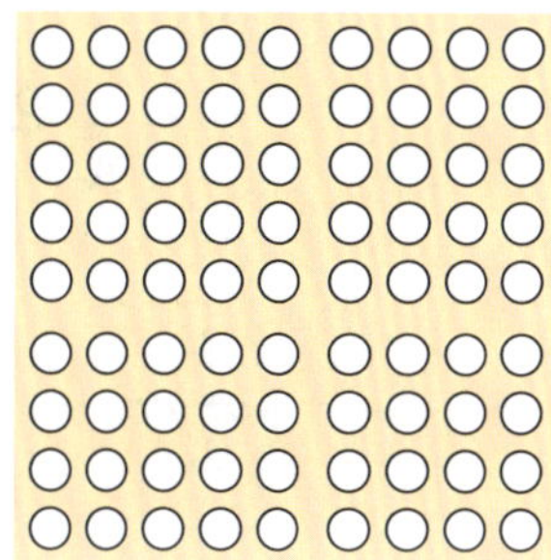

$6 \cdot 6 =$ ___ $7 \cdot 7 =$ ___ $8 \cdot 8 =$ ___ $9 \cdot 9 =$ ___

③ Verdoppeln

$1 \cdot 2 =$ ___ $1 \cdot 3 =$ ___ $1 \cdot 4 =$ ___ $1 \cdot 5 =$ ___

$2 \cdot 2 =$ ___ $2 \cdot 3 =$ ___ $2 \cdot 4 =$ ___ $2 \cdot 5 =$ ___

$1 \cdot 6 =$ ___ $1 \cdot 7 =$ ___ $1 \cdot 8 =$ ___ $1 \cdot 9 =$ ___

$2 \cdot 6 =$ ___ $2 \cdot 7 =$ ___ $2 \cdot 8 =$ ___ $2 \cdot 9 =$ ___

④ Aufgabe und Tauschaufgabe. Färbe gleich.

$5 \cdot 2 =$ ___	$4 \cdot 2 =$ ___	$2 \cdot 7 =$ ___	$8 \cdot 2 =$ ___
$7 \cdot 2 =$ ___	$2 \cdot 5 =$ ___	$2 \cdot 3 =$ ___	$2 \cdot 9 =$ ___
$3 \cdot 2 =$ ___	$2 \cdot 4 =$ ___	$9 \cdot 2 =$ ___	$2 \cdot 8 =$ ___

1

2 · 3 = ___
3 · 2 = ___

3 · 3 = ___

4 · 3 = ___
3 · 4 = ___

3 · 4 = ___
4 · 3 = ___

4 · 4 = ___

5 · 4 = ___
4 · 5 = ___

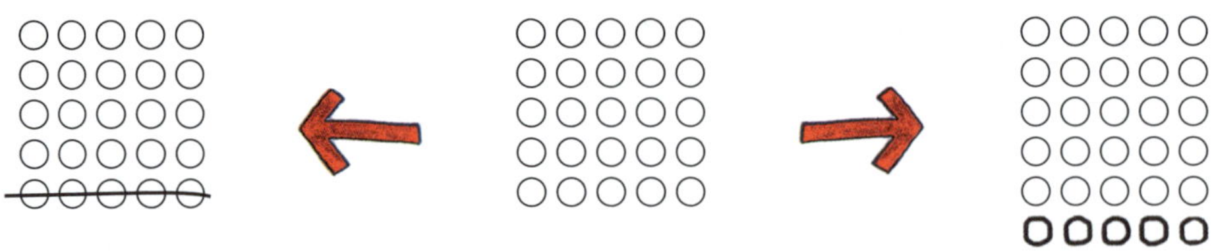

___ · ___ = ___
___ · ___ = ___

5 · 5 = ___

___ · ___ = ___
___ · ___ = ___

Streiche weg oder male dazu.

2

5 · 6 = ___

6 · 5 = ___

6 · 6 = ___

7 · 6 = ___

6 · 7 = ___

___ · 7 = ___

___ · 6 = ___

7 · 7 = ___

___ · 7 = ___

___ · 8 = ___

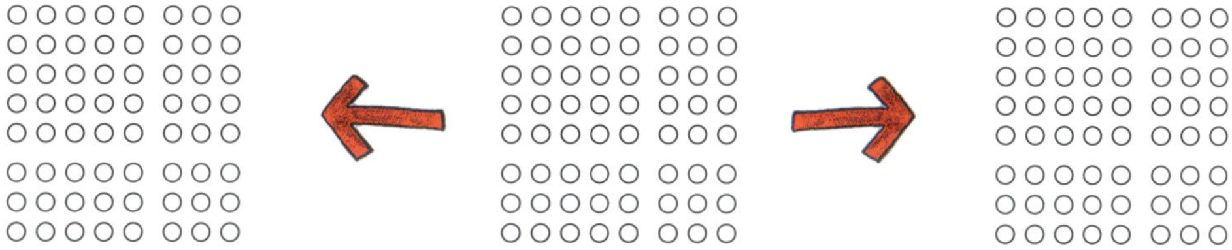

___ · ___ = ___

___ · ___ = ___

8 · 8 = ___

___ · ___ = ___

___ · ___ = ___

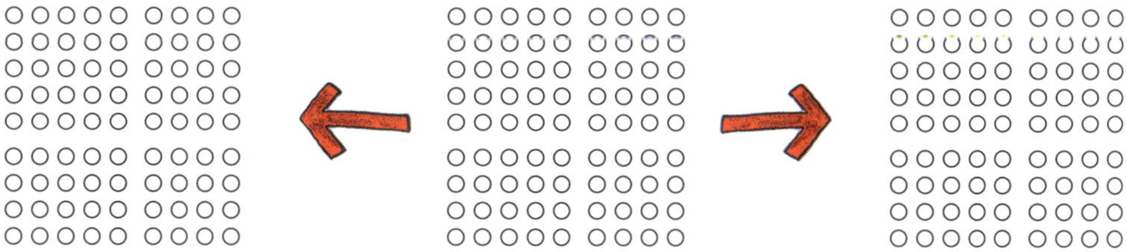

___ · ___ = ___

___ · ___ = ___

9 · 9 = ___

___ · ___ = ___

___ · ___ = ___

Malaufgaben mit 10 und 5

4 · 10 = ___

10 · 4 = ___

①

10 · 2 = 20	10 · 3 = ___	10 · 4 = ___
2 · 10 = ___	3 · 10 = ___	4 · 10 = ___
10 · 6 = ___	10 · 5 = ___	8 · 10 = ___
6 · 10 = ___	5 · 10 = ___	10 · 8 = ___

②

10 · 2 = ___	10 · 1 = ___	1 · 10 = ___	3 · 10 = ___
10 · 4 = ___	10 · 5 = ___	2 · 10 = ___	6 · 10 = ___
10 · 8 = ___	10 · 10 = ___	4 · 10 = ___	7 · 10 = ___
10 · 3 = ___	10 · 0 = ___	5 · 10 = ___	9 · 10 = ___
10 · 6 = ___	10 · 7 = ___	10 · 10 = ___	8 · 10 = ___

③

5 · 2 = ___	5 · 1 = ___	1 · 5 = ___	3 · 5 = ___
5 · 4 = ___	5 · 5 = ___	2 · 5 = ___	6 · 5 = ___
5 · 8 = ___	5 · 9 = ___	4 · 5 = ___	7 · 5 = ___
5 · 3 = ___	5 · 0 = ___	8 · 5 = ___	9 · 5 = ___
5 · 6 = ___	5 · 7 = ___	5 · 5 = ___	0 · 5 = ___

5 · 4 = ___

4 · 5 = ___

4

5 · 6 = 30	5 · 4 = ___	5 · 7 = ___	5 · 9 = ___
6 · 5 = ___	4 · 5 = ___	7 · 5 = ___	9 · 5 = ___
5 · 10 = ___	5 · 1 = ___	5 · 8 = ___	5 · 0 = ___
___ · 5 = 50	___ · ___ = ___	___ · ___ = ___	___ · ___ = ___

5

10 · ___ = 20	10 · ___ = 90	5 · ___ = 10	___ · 5 = 35
10 · ___ = 40	10 · ___ = 30	5 · ___ = 5	___ · 5 = 30
10 · ___ = 80	10 · ___ = 60	5 · ___ = 25	___ · 5 = 45

6

10 · 9 = ___	7 · 10 = ___	10 · 8 = ___	6 · 10 = ___
5 · 9 = ___	7 · 5 = ___	5 · 8 = ___	6 · 5 = ___
10 · 2 = ___	3 · 10 = ___	5 · 10 = ___	10 · 4 = ___
5 · 2 = ___	3 · 5 = ___	5 · 5 = ___	5 · 4 = ___

Kernaufgaben

Die Kernaufgaben kann ich schon im Schlaf!

·2

1 · 2 = ___	2 · 1 = ___
2 · 2 = ___	2 · 2 = ___
5 · 2 = ___	2 · 5 = ___
10 · 2 = ___	2 · 10 = ___

·5

1 · 5 = ___	5 · 1 = ___
2 · 5 = ___	5 · 2 = ___
5 · 5 = ___	5 · 5 = ___
10 · 5 = ___	5 · 10 = ___

·3

1 · 3 = ___	3 · 1 = ___
2 · 3 = ___	3 · 2 = ___
3 · 3 = ___	3 · 3 = ___
5 · 3 = ___	3 · 5 = ___
10 · 3 = ___	3 · 10 = ___

·4

1 · 4 = ___	4 · 1 = ___
2 · 4 = ___	4 · 2 = ___
4 · 4 = ___	4 · 4 = ___
5 · 4 = ___	4 · 5 = ___
10 · 4 = ___	4 · 10 = ___

·6

1 · 6 = ___	6 · 1 = ___
2 · 6 = ___	6 · 2 = ___
5 · 6 = ___	6 · 5 = ___
6 · 6 = ___	6 · 6 = ___
10 · 6 = ___	6 · 10 = ___

·7

1 · 7 = ___	7 · 1 = ___
2 · 7 = ___	7 · 2 = ___
5 · 7 = ___	7 · 5 = ___
7 · 7 = ___	7 · 7 = ___
10 · 7 = ___	7 · 10 = ___

·8

1 · 8 = ___	8 · 1 = ___
2 · 8 = ___	8 · 2 = ___
5 · 8 = ___	8 · 5 = ___
8 · 8 = ___	8 · 8 = ___
10 · 8 = ___	8 · 10 = ___

·9

1 · 9 = ___	9 · 1 = ___
2 · 9 = ___	9 · 2 = ___
5 · 9 = ___	9 · 5 = ___
9 · 9 = ___	9 · 9 = ___
10 · 9 = ___	9 · 10 = ___

Malaufgaben bauen

Die obere Malaufgabe lässt sich aus 2 Kernaufgaben bauen.

1

6 · 5 =	
5 · 5 =	1 · 5 =

7 · 8 =	
5 · 8 =	2 · 8 =

3 · 4 =	
2 · 4 =	1 · 4 =

6 · 9 =	
5 · 9 =	1 · 9 =

7 · 3 =	
5 · 3 =	2 · 3 =

3 · 6 =	
2 · 6 =	1 · 6 =

8 · 4 =	
4 · 4 =	4 · 4 =

6 · 8 =	
5 · 8 =	1 · 8 =

2

5 · 5 = ___	4 · 4 = ___	5 · 4 = ___	8 · 8 = ___
1 · 5 = ___	2 · 4 = ___	2 · 4 = ___	1 · 8 = ___
6 · 5 = ___	6 · 4 = ___	7 · 4 = ___	9 · 8 = ___
6 · 6 = ___	6 · 6 = ___	5 · 6 = ___	7 · 7 = ___
1 · 6 = ___	2 · 6 = ___	2 · 6 = ___	1 · 7 = ___
7 · 6 = ___	8 · 6 = ___	7 · 6 = ___	8 · 7 = ___

Mit Körpern bauen

Trage die Namen der Körper ein.

 ______  ______  ______

① **Kreise mit der richtigen Farbe ein.**
Kugel: gelb, Würfel: grün, Quader: blau, Zylinder: rot,
Prisma: orange, Pyramide: lila

 ___ 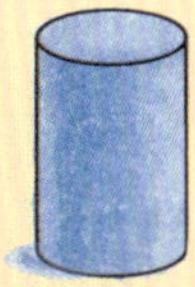 ___ 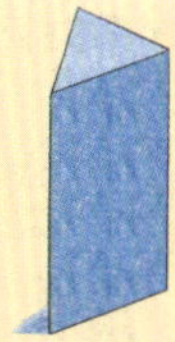 ___

② **Aus welchen Körpern sind die Figuren gebaut? Zähle.**

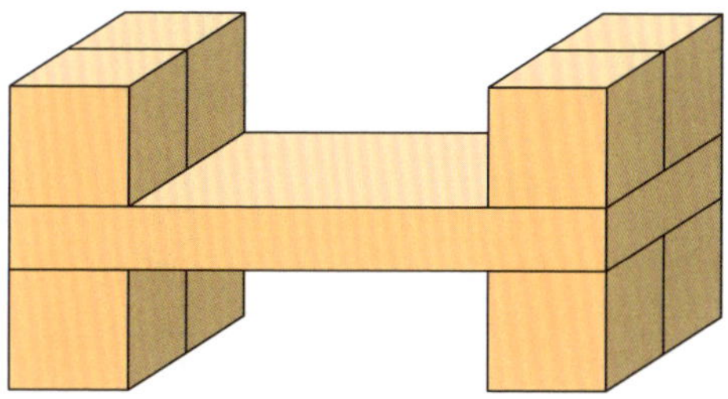

Kugel	0	Zylinder	___
Würfel	___	Prisma	___
Quader	___	Pyramide	___

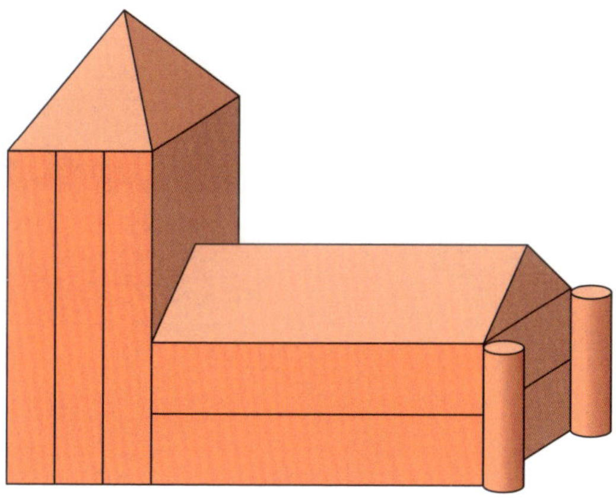

Kugel	___	Zylinder	___
Würfel	___	Prisma	___
Quader	___	Pyramide	___

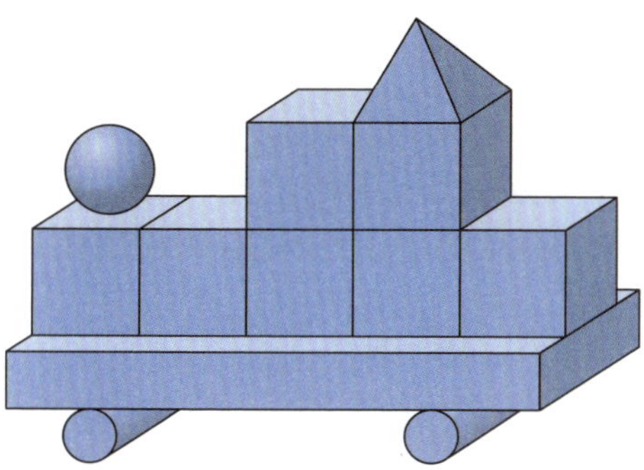

Kugel	___	Zylinder	___
Würfel	___	Prisma	___
Quader	___	Pyramide	___

Gerecht teilen

① Verteile gerecht.

$9 : 3 =$ ___

$3 \cdot$ ___ $= 9$

$12 : 4 =$ ___

___ $\cdot$ ___ $=$ ___

② Teile auf. Immer gleich viele.

$12 : 3 =$ ___

___ $\cdot 3 = 12$

$24 : 4 =$ ___

____

③ Teile.

$18 : 6 =$ ___

____

$10 : 2 =$ ___

____

(·) und (:) gehören zusammen

1

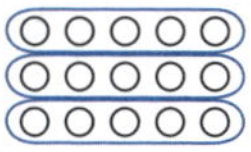

3 · 5 = 15
15 : 5 = ___

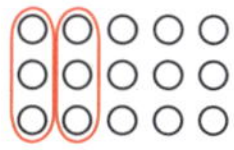

___ · 3 = ___
15 : 3 = ___

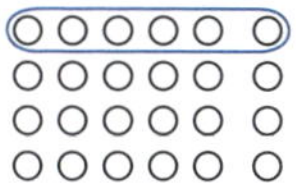

___ · 6 = ___
____

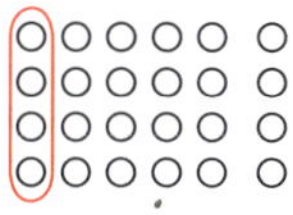

___ · 4 = ___
____

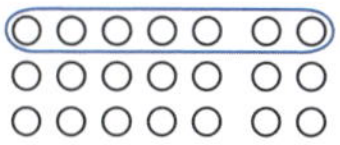

____
____

____
____

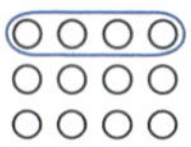

____
____

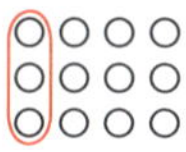

____
____

2 Schreibe und rechne Mal- und Geteiltaufgabe.

2 · 3 = ___	5 · 4 = ___	7 · 7 = ___	9 · 9 = ___
6 : 3 = ___	______	______	______
5 · 2 = ___	______	______	______
10 : 2 = ___	30 : 5 = ___	36 : 6 = ___	16 : 4 = ___

3 Für Mathe-Super-Stars!

Wenn ich meine Zahl durch 4 teile, erhalte ich 8.

Die Zahl heißt ___.

Ich nehme meine Zahl mal 6 und erhalte 48.

Wie heißt meine Zahl? ___

① 3 Zahlen – 4 Aufgaben

5	6	30		80	10	8		9	2	

5	·	6	=	30		___	·	8	=	___		2	·	___	=	___
6	·	___	=	___		8	·	___	=	___		___	·	___	=	___
30	:	6	=	___		___	:	8	=	___		___	:	2	=	___
30	:	___	=	___		___	:	___	=	___		___	:	___	=	___

②

: 2 →	
6	
20	
14	
	8
	6

: 10 →	
30	
70	
40	
	6
	5

: 5 →	
40	
30	
15	
	7
	4

③ Welche Geteiltaufgabe passt zu welcher Malaufgabe?

8 : 2 = 4	7 · ___ = 35	64 : 8 = ___	___ · 7 = 49
35 : 5 = ___	4 · ___ = 20	49 : 7 = ___	___ · 8 = 64
20 : 5 = ___	4 · 2 = 8	81 : 9 = ___	___ · 8 = 24
40 : 10 = ___	1 · ___ = 8	24 : 8 = ___	___ · 7 = 42
8 : 8 = ___	4 · ___ = 40	42 : 7 = ___	___ · 9 = 81

Noch mehr Muster

Setze die Muster fort!

①

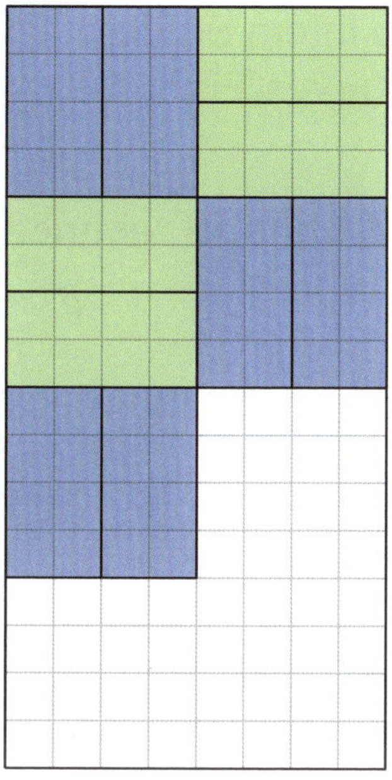

②

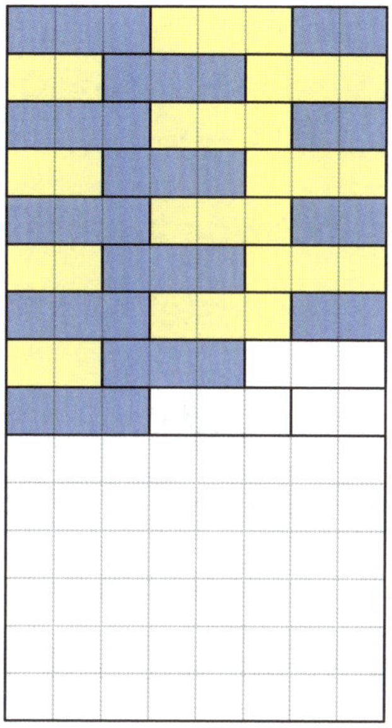

③

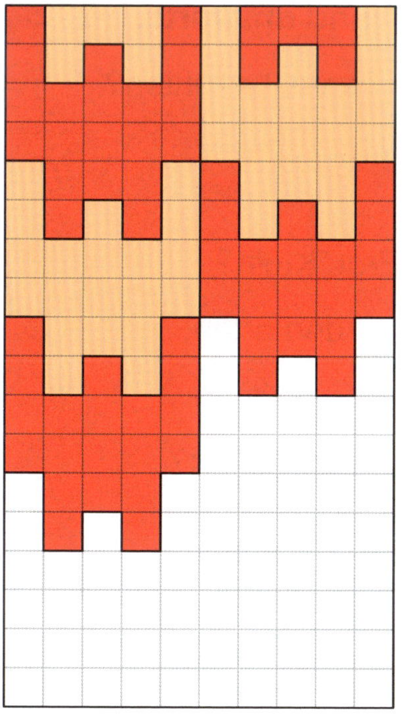

4 Für Mathe-Super-Stars!

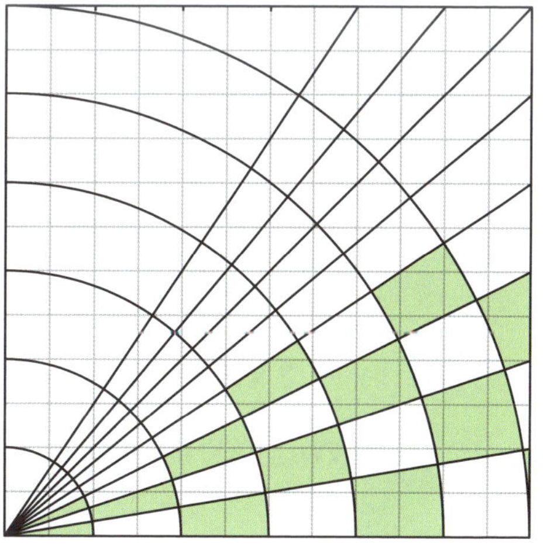

(1) Katharina geht mit drei Freundinnen und ihrem Bruder in die Eisdiele. Jedes Kind bekommt 2 Kugeln Eis. Eine Kugel kostet 1 €.

a) Diese Frage kannst du beantworten ohne zu rechnen:

Wie viel kostet eine Kugel Eis? ___ €

b) Rechne und antworte.

Wie viele Kinder gehen in die Eisdiele? ___ Kinder

Wie viel kostet das Eis für ein Kind? ___ €

Wie viel kostet es für alle zusammen? ___ €

(2) Frau Klein geht mit ihren Kindern Nina und Michael ins Kino. Sie bezahlt mit einem 20-€-Schein.

a) Welche Fragen kannst du beantworten ohne zu rechnen? Kreuze an ☒ und antworte.

☐ Wie viel muss Frau Klein insgesamt bezahlen? ___ €

☐ Wie viel kostet eine Kinokarte für Kinder? ___ €

☐ Wie viele Erwachsenenkarten und wie viele Kinderkarten kauft Frau Klein?

Erwachsenenkarten: ___ Kinderkarten: ___

☐ Wie viel kostet der Eintritt für beide Kinder? ___ €

☐ Wie viel Geld bekommt Frau Klein zurück? ___ €

b) Rechne und beantworte die übrigen Fragen.

③ Herr und Frau Schön machen mit ihren Kindern Michael, Florian und Silke einen Ausflug ins Erlebnisbad. Sie wollen 3 Stunden bleiben.

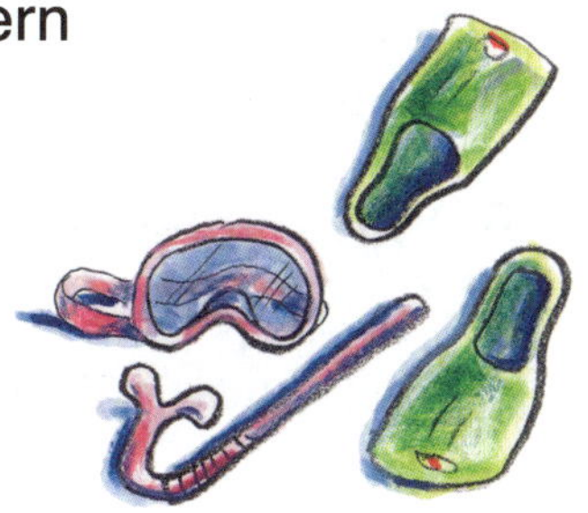

3 Stunden:
Kinder 5 €
Erwachsene 8 €

***Unser Angebot:**
Familien-
tageskarte 25 €

Lies die Fragen genau, rechne und antworte.

a) Wie teuer ist der Eintritt für 2 Erwachsene? ____ €

____

b) Was müssen 3 Kinder insgesamt bezahlen? ____ €

____

c) Wie teuer ist der Eintritt für die ganze Familie? ____ €

____

d) Lohnt sich für Familie Schön eine Tageskarte? ☐ ja ☐ nein

e) Wie viel kann Familie Schön sparen? ____ €

____

Für Mathe-Super-Stars!

4 Lohnt sich die Familientageskarte bei 2 Erwachsenen und 2 Kindern? ☐ ja ☐ nein

Wie viel spart die Familie? ______________________________

____

Welche Frage gehört zu welcher Aufgabe?
Rechne und antworte.

A Wie viel Geld bleibt übrig?

B Wie viel Geld spart sie?

C Wie viele Seiten hat das Buch?

D Wie viele Bücher hat sie gekauft?

① Timo hat zum Geburtstag von seiner Tante 30 € bekommen. Er möchte sich ein Taschenbuch für 9 € und ein Sachbuch für 14 € kaufen.

Frage: ___

Antwort: ______________________

② Clara hat sich ein spannendes Abenteuerbuch ausgeliehen. Am 1. Tag liest sie 18 Seiten, am 2. Tag 24 Seiten, an den nächsten beiden Tagen schafft sie je 15 Seiten, dann ist das Buch zu Ende.

Frage: ___

Antwort: ______________________

③ Für die Sieger beim Sportfest kauft Frau Sommer Bücher zu je 5 €. Sie bezahlt insgesamt 40 €.

Frage: ___

Antwort: ______________________

Lies die Aufgaben genau und rechne.

(1) Manuel hat 26 € gespart. Er hat 6 € mehr als Katharina. Petra hat doppelt so viel Geld wie Katharina. Stefan hat 3 € weniger als Manuel.

Wie viel Geld hat jedes Kind gespart?

Manuel: ___ € Katharina: ___ €

Petra: ___ € Stefan: ___ €

(2) Thomas wirft den Schlagball 24 m weit, sein Freund Andreas wirft 5 m weiter. Paula wirft nur halb so weit wie Thomas, Lisa wirft 4 m weiter als Paula.

Wie weit werfen die Kinder?

Thomas: ___ m Andreas: ___ m

Paula: ___ m Lisa: ___ m

3 Der Vater ist 4 Jahre älter als die Mutter. Die Mutter ist 5-mal so alt wie Sabine. Sabine ist 8 Jahre alt, ihr Bruder Christian ist 3 Jahre älter.

Wie alt ist jeder?

Sabine: ___ Jahre

Christian: ___ Jahre

Mutter: ___ Jahre

Vater: ___ Jahre

1 Lies beide Uhrzeiten ab.

☀ ______ ☀ ______ ☀ ______ ☀ ______

☾ ______ ☾ ______ ☾ ______ ☾ ______

2 Zeichne die Zeiger ein.

11 Uhr | 16.45 Uhr | 8.15 Uhr | 13.30 Uhr

3 Florians Tagesablauf. Ordne den Bildern die Uhrzeiten zu.

1

2

3

4

5

6

	7.45 Uhr		12.45 Uhr		22 Uhr
	11 Uhr		19.30 Uhr		16.15 Uhr

4 Verbinde.

Viertel nach 10

Viertel vor 11

10 Uhr 45

viertel 11

drei viertel 11

10 Uhr 15

5 Wie viele Minuten sind vergangen?

 + ___ min → 

 + ___ min → 

 + ___ min → 

 + ___ min → 

 + ___ min → 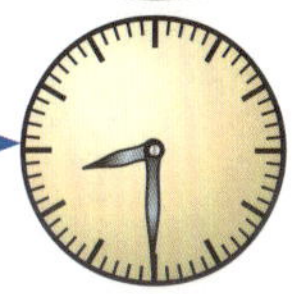

 + ___ min → 

6 Ergänze auf 1 h.

Eine Stunde hat 60 Minuten.

20 min + ___ min = 1 h	35 min + ___ min = 1 h
15 min + ___ min = 1 h	50 min + ___ min = 1 h
30 min + ___ min = 1 h	5 min + ___ min = 1 h
25 min + ___ min = 1 h	12 min + ___ min = 1 h
45 min + ___ min = 1 h	39 min + ___ min = 1 h

Preise

1

	€	ct	mit Komma
	2	15	2,15 €

2 **Gleiche Geldbeträge – gleiche Farbe**

4 € 21 ct	2 € 41 ct	421 ct	2,41 €
8,20 €	8 € 20 ct	8,02 €	820 ct
802 ct	4,21 €	241 ct	8 € 2 ct

3

3,20 €

3 € 20 ct

320 ct

4,70 €

7 € 19 ct

402 ct

8,99 €

5 € 7 ct

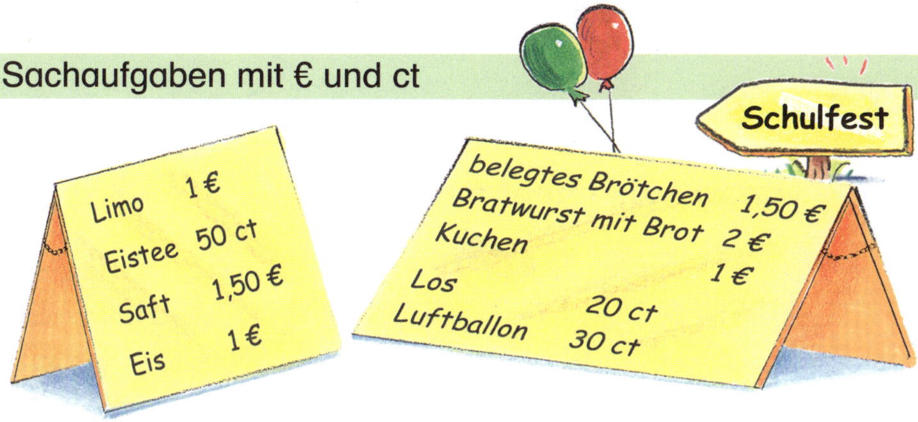

Wie viel muss jeder bezahlen? Rechne.

1 Mateja kauft 1 Flasche Saft, 1 Stück Kuchen und 2 Lose.

____

Sie bezahlt __________.

2 Michael hat 2 Luftballons, 2 Lose und 1 Eis gekauft.

____

Er muss __________ bezahlen.

3 Andreas kauft für sich und seinen Bruder ein:
2 belegte Brötchen, 2 Flaschen Limo und 2 Luftballons.

____

Er bezahlt __________.

4 Familie Schwarz kauft 2 Eistee, 2 Flaschen Saft,
4 Stück Kuchen, 2 Eis und 4 Lose.

____

Alles zusammen kostet __________.

5 Sophie möchte 1 Bratwurst und 1 Limo. Sie bezahlt
mit einem 5-€-Schein. Wie viel bekommt sie zurück?

____

Sie bekommt __________ zurück.

Urlaubsfotos – von wo aus fotografiert?

Bernhard ist mit dem Rad um den See gefahren.
An den Plätzen 1, 2, 3 hat er ein Foto gemacht.

Male die richtigen Aufnahmen farbig an.

Fotoplatz 1

Fotoplatz 2

Fotoplatz 3

So viele Stunden schlafen diese Tiere pro Tag:

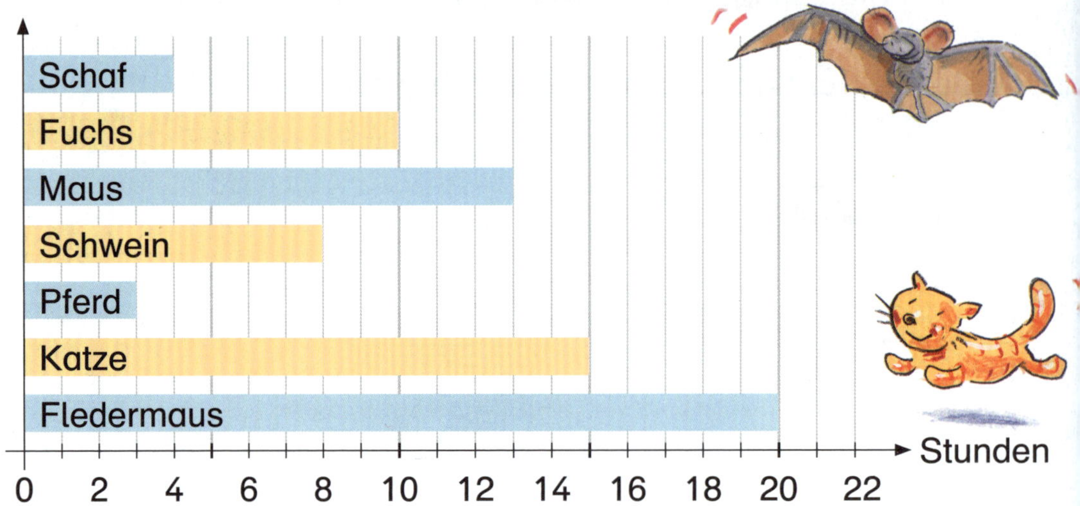

① Lies ab. Stunden

Welches Tier schläft am längsten? ______ ☐

Welches Tier schläft am kürzesten? ______ ☐

② Welche Aussagen stimmen? Kreuze an ☒.

☐ Ein Schaf schläft länger als eine Maus.

☐ Ein Fuchs schläft nur halb so lang wie eine Fledermaus.

☐ Ein Schwein schläft doppelt so lang wie ein Schaf.

☐ Ein Pferd schläft länger als eine Maus.

☐ Eine Katze schläft genau so lang wie eine Fledermaus.

☐ Eine Maus schläft 2 Stunden weniger als eine Katze.

☐ Ein Schwein schläft 2 Stunden länger als ein Fuchs.